WILLKOMMEN ZU DEINEM ADVENTSKALENDERBUCH

Die Weihnachtszeit ist etwas ganz Besonderes. Das sind die Wochen, in denen ich versuche zur Ruhe zu kommen, mich zu besinnen und über das vergangene Jahr nachzudenken. In dieser Zeit ist es schön, sich selbst etwas Gutes zu tun, wie sich mit den liebsten Hobbys zu beschäftigen.

Unabhängig davon, ob du schon Erfahrung im Zeichnen hast oder noch im Anfängermodus bist – mit diesem Mitmach-Buch kannst du deine Fähigkeiten ausbauen und bestimmt viel Nützliches dazulernen. Spaß und Kreativität werden dabei natürlich auch nicht zu kurz kommen!

Mit diesem Buch kannst du Tag für Tag etwas über das Zeichnen im Manga-Stil lernen und direkt selbst ausprobieren. Wir gehen auf 24 Doppelseiten zusammen verschiedene Grundlagen zum Zeichnen eines Charakters durch: zum Beispiel Haare, Schraffuren und Mimik. Außerdem gibt's auch Themen rund um die Feiertage – also sei gespannt!

Weil das Zeichnen sehr umfangreiche Aspekte hat, ist es mir wichtig, dir das Basiswissen sowie alle Tipps & Tricks gut verständlich und strukturiert zu erklären.

Zur Vorbereitung kannst du dich im Einleitungsteil u.a. zu einigen Grundlagen einlesen, deine Stifte ausprobieren und sogar ein Kreuzworträtsel machen! Weiterhin findest du auf den Seiten zwischen den Türchen Fun Facts rund um Mangas und Japan.

Ich freue mich, dir die Basics zu zeigen, die mir auch sehr geholfen hätten, als ich damals mit dem Manga zeichnen begonnen habe. Also – hab viel Spaß dabei, dieses Buch zu erkunden und dich im Manga zeichnen zu üben!

Deine

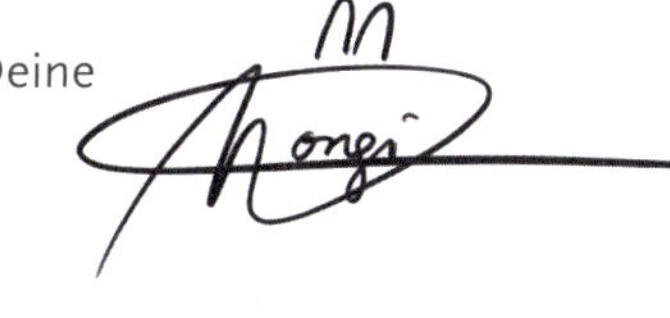

ZEICHENMATERIAL

Zum Zeichnen brauchst du im Grunde nur zwei Dinge: einen Stift und einen Untergrund, auf dem du diesen benutzt. Hier kommt eine kleine Zusammenfassung von Materialien, die du sowohl in diesem Buch als auch generell verwenden kannst. Darüber hinaus gibt es noch viele andere Materialien – aber das sind die gängigsten!

Marker Marker können verschiedene Spitzen haben und eignen sich gut zum künstlerischen Ausmalen von kleinen sowie großen Flächen. Du kennst vielleicht die Copic Marker – das sind besonders gute Marker und sie werden oft fürs Manga-Zeichnen benutzt. Damit die Farben optimal zur Geltung kommen, gibt es für Copics auch Papier mit einer speziellen Oberfläche.

Fineliner Diese feinen Stifte sind wasserbasiert und haben eine feste, dünne Spitze. Es gibt sie auch in allen möglichen Farben und Formen. Für mich eignen sich Spitzengrößen von 0,03mm oder 0,05mm gut, weil ich dadurch die ideale Kontrolle beim Ziehen von Linien habe.

Bleistift Ein guter Bleistift ist ein Allrounder beim Zeichnen. Es gibt ihn in unterschiedlichen Härtegraden, die verschiedene Qualitäten haben. H (hard) eignet sich gut, um feine aber präzise Linien zu zeichnen, die nicht so leicht verwischen – zum Beispiel für detaillierte Augen. B (black) bezieht sich auf eine weiche Miene, mit der du beispielsweise flächige Schatten setzen und auch verwischen kannst. HB liegt als Härtegrad mit den Eigenschaften genau dazwischen.

Buntstifte Farbenfrohe Buntstifte sind neben Bleistiften die perfekten Begleiter, wenn man "trocken" zeichnet. Du kannst sie vermischen, indem du auf einer Fläche mit unterschiedlichen Farben übereinander malst. Achte aber darauf, dabei nicht zu stark aufzudrücken, sonst kann das Papier eine weitere Farbe nicht so gut auf der Oberfläche halten.

Pinsel Pinsel haben eine Spitze aus feinen Borsten und eignen sich für das Malen mit feuchten Farben. Es gibt viele verschiedene Materialien, die mit einem Pinsel aufs Papier gebracht werden können, z.B. Aquarellfarben, Acrylfarben oder Tusche. Je nach verwendeter Farbe sollte eine passende Oberfläche gewählt werden, etwa dickes Aquarellpapier oder eine Leinwand für Acrylfarben.

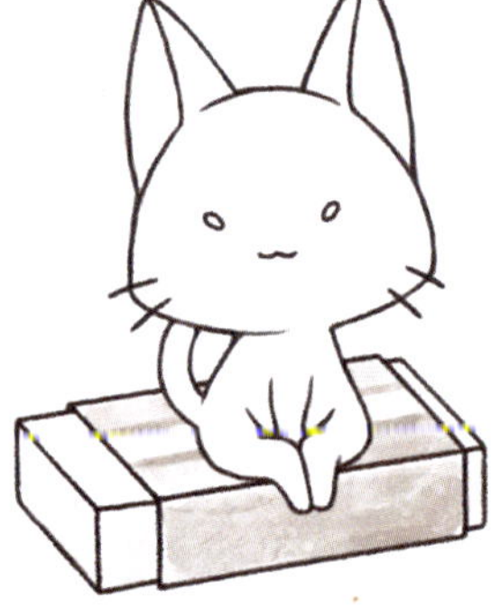

Radiergummi Radiergummis sind hauptsächlich für das Entfernen von Bleistiftlinien gedacht. Buntstifte kannst du bis zu einem gewissen Grad zwar auch wegradieren, aber nur, wenn die Farben nicht zu sehr ölbasiert sind und du vorher nicht zu kräftig aufgedrückt hast.

Lineal Zum Vorzeichnen von Hilfslinien habe ich immer Lineal und Bleistift parat, sodass ich gerade Linien ziehen kann. Drück mit dem Bleistift möglichst nicht zu fest auf, damit du die Linien später gut wegradieren kannst.

Digitale Zeichenutensilien

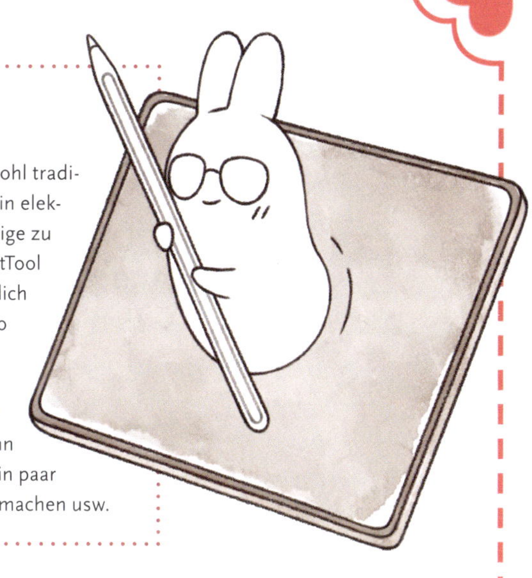

Eigentlich alles, was wir zusammen in diesem Buch durchgehen, kannst du sowohl traditionell als auch digital nachzeichnen. Das Herzstück für digitales Zeichnen ist ein elektronisches Grafiktablett, das kompatibel für Zeichenprogramme ist. Um nur einige zu nennen: Procreate, Clip Studio Paint, Adobe Photoshop, MediBang Paint und PaintTool SAI & mehr. Dazu gehört natürlich auch ein Grafikstift und viel Strom ;) Sehr nützlich ist auch eine Schutzfolie für den Bildschirm, die eine Papierstruktur nachahmt – so hat man ein festeres Zeichengefühl und rutscht mit dem Stift nicht zu stark aus.

Anfangs kann das digitale Zeichnen schwierig erscheinen, da das Einlernen und Gewöhnen an ein Programm knifflig sein kann und seine Zeit braucht. Aber wenn man den Dreh dann raus hat, entdeckt man schnell viele Freiheiten: Flächen mit ein paar Klicks komplett umfärben, Linien verformen, Effekte einbauen, Fehler rückgängig machen usw.

AUF GEHT'S!

Auf dieser Seite kannst du alle deine Stifte austesten, um zu sehen, welche sich gut für das Papier eignen – Bleistifte, Buntstifte und Fineliner sollten gut passen. Bei Stiften mit mehr Wasseranteil wie Marker kann es sein, dass sie auf der Rückseite des Blatts durchscheinen.

FARBENLEHRE

Gleich einmal vorweg gilt es zu sagen, dass es verschiedene Konzepte zu Farbigkeit gibt. In diesem Buch schauen wir uns die Farbenlehre nach Johannes Itten an, weil die Darstellung anschaulich und gut zu verstehen ist. Das soll dir erstmal die Grundlagen vermitteln bzw. dein Wissen ein wenig auffrischen.

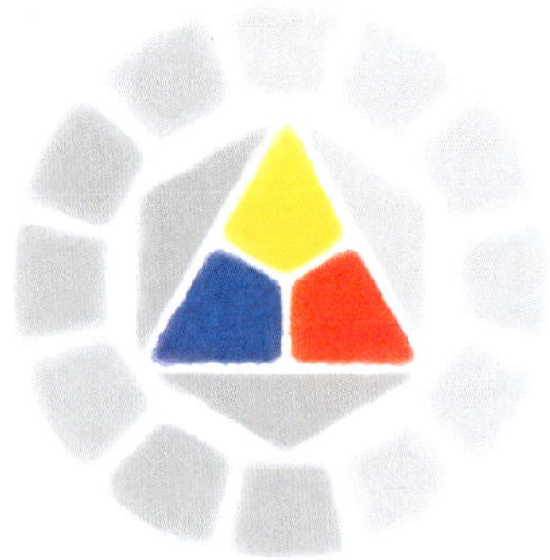

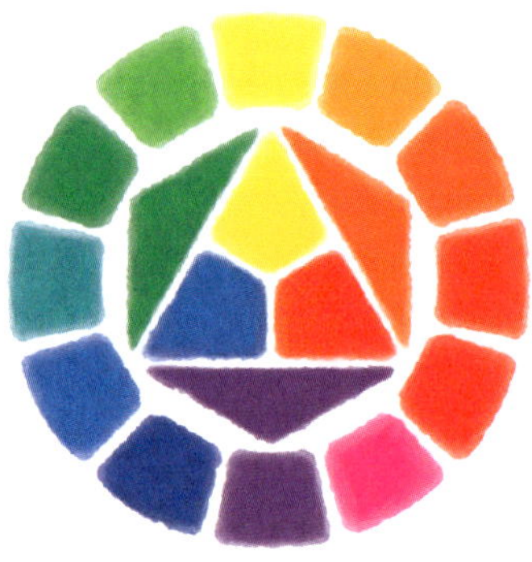

I - Primärfarben sind Gelb, Rot und Blau und stehen in diesem Farbschema in einem Dreieck in der Mitte. Man nennt sie auch die drei Grundfarben, weil man alle anderen Farben nur aus diesen drei mischen kann. Die meisten Druckersysteme basieren auch auf einem 3-Farben-Schlüssel, der dir bestimmt bekannt ist: CMYK (Cyan-Magenta-Yellow-Key/Schwarz).

II - Sekundärfarben sind der nächste Schritt in Richtung des vollen Farbkreises. Die Mischung der Grundfarben miteinander ergibt nämlich die Sekundärfarben. Gelb+Blau=Grün; Rot+Gelb=Orange; Blau+Rot=Lila. Das ist so veranschaulicht, dass die Sekundärfarben über den jeweiligen Grundfarben liegen und wie eine Art Pfeil in Richtung Farbkreis zeigen.

III - Tertiärfarben wiederum sind die dritte Mischstufe und enthalten immer einen Anteil von Primär- UND Sekundärfarben. Farben, die sich im Kreis genau gegenüberliegen, nennt man Komplementärfarben. Sie werden oft zusammen genutzt, um einen schönen Kontrast und Spannung im Bild zu erzeugen. Auf Basis all dieser Farben kannst du dann unzählige weitere zusammenmischen.

Assoziationen & Wirkung

Wenn man an bestimmte Farben denkt, kann jede/r ganz unterschiedliche Emotionen haben. Aber im Allgemeinen gibt es in der Farbpsychologie Auffassungen, die beim Erschaffen von Designs eine wichtige Rolle spielen. Es ist nämlich so, dass Farben für den Großteil der Menschen konkrete, ähnliche Assoziationen hervorrufen. Diese haben sich kontinuierlich durch verschiedene Einflüsse aus der Umwelt und durch Kulturen entwickelt. Du kannst dir daher im Voraus überlegen, welche Farben und somit Eigenschaften etwa zum Wesen deiner Manga-Figur passen und was du damit ausdrücken möchtest. Hier sind ein paar Farbtöne mit jeweiligen Beispielen zu häufigen Assoziationen:

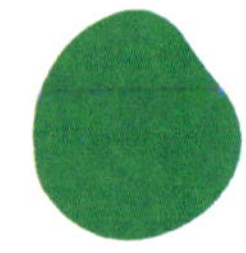

naturverbunden
vertrauensvoll
harmonisch

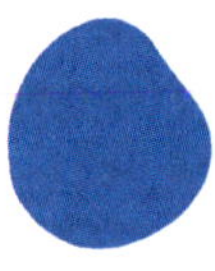

ausgeglichen
tiefgründig
kreativ

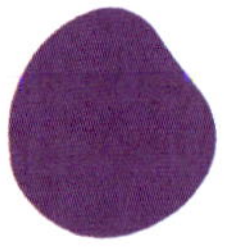

extravagant
mysteriös
spirituell

aufmerksam
fröhlich
sozial

enthusiastisch
humorvoll
positiv

leidenschaftlich
selbstbewusst
energisch

MACH MIT!

Hier habe ich einige Farbkombinationen vorbereitet, die du selbst miteinander mischen kannst. Benutze am besten Buntstifte, denn damit kannst du durch Druck den Farbauftrag kontrollieren – so bekommst du einen gleichmäßigen Verlauf.

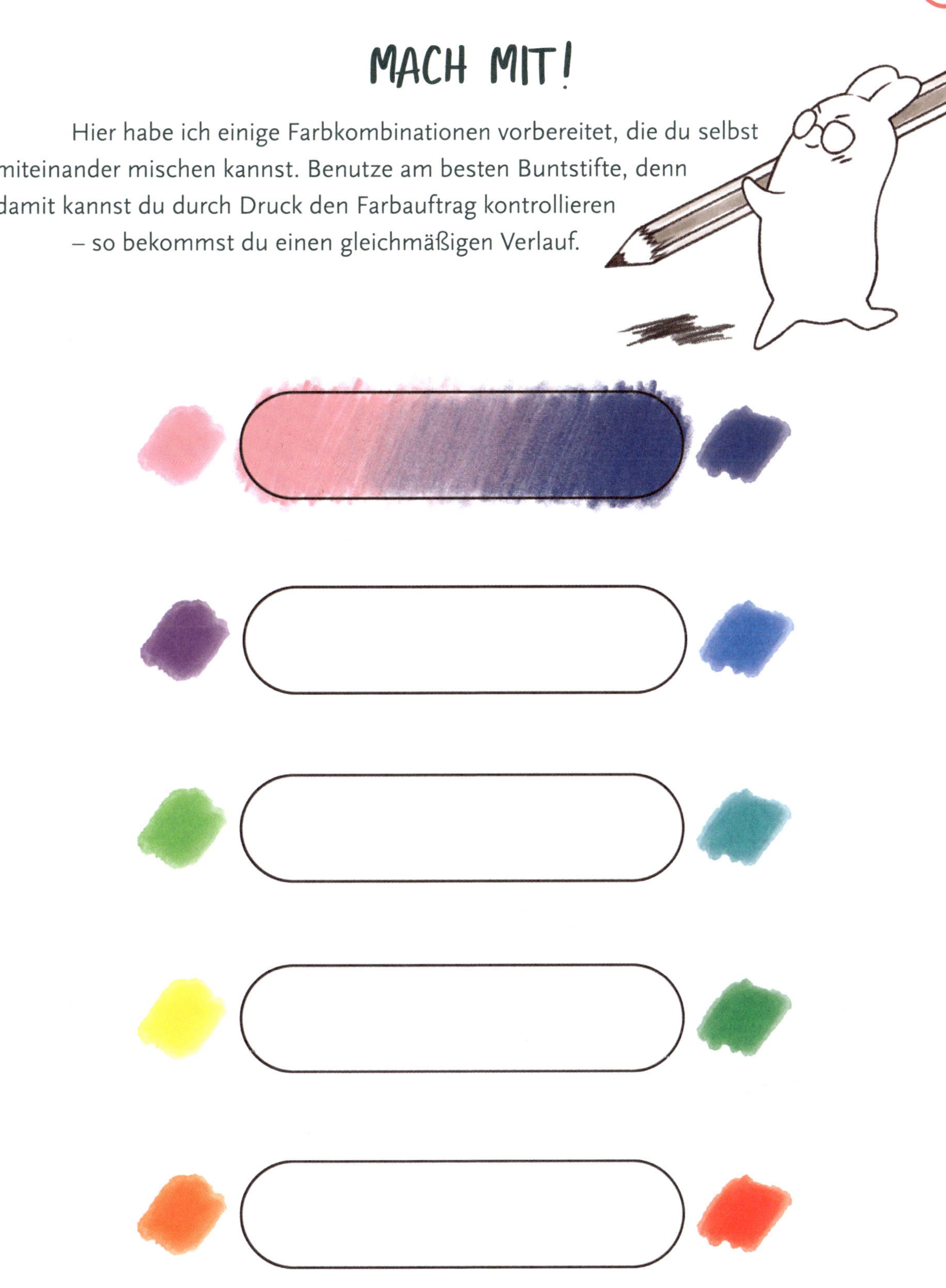

FARBWELTEN

Etwas schwieriger wird es bei der Planung, welche Farbtöne im Zusammenspiel die Farbwelt ergeben, die du dir in deinem Kopf vorher für ein Motiv vorstellst. Im Folgenden zeige ich dir auf einer Winterlandschaft als Beispiel vier verschiedene Stimmungen und erkläre, welche Eigenschaften die Farben dabei haben.

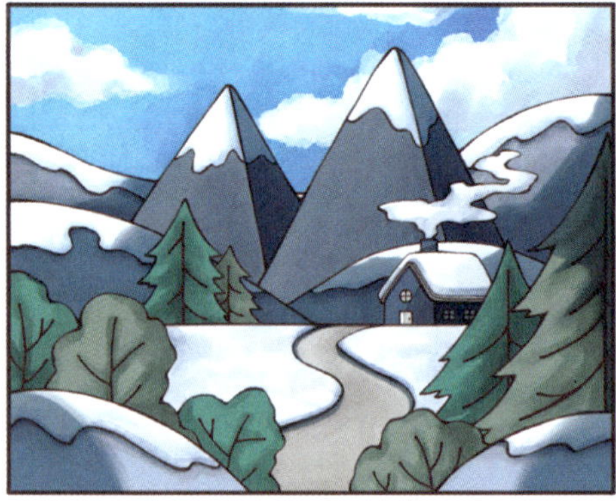

Hell / Sonnig Die Ausgangsfarben sind abhängig von deinem Motiv. In diesem Fall ist es sehr hell und sonnig, daher kann man die Farben so zeichnen, wie sie sind: das kühle Grau der Berge, weißer Schnee und grüne Bäume. Indem du das Grün weniger sättigend und blaustichig machst, wirkt es auch kälter.

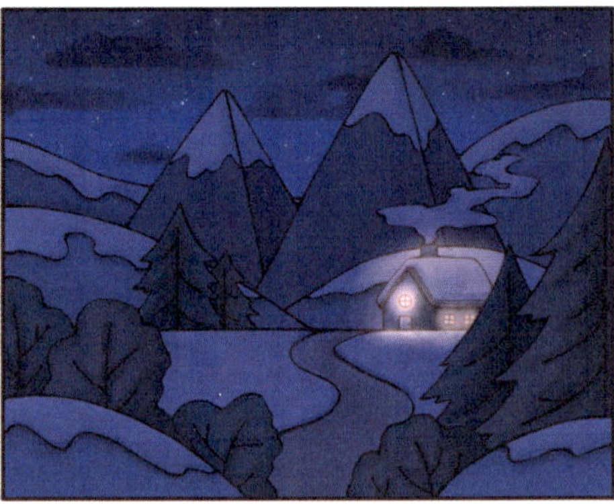

Ruhig / Nächtlich Die Winterlandschaft versinkt nachts fast komplett in dunklen Lila- und Blautönen. Im Vergleich mit der vorigen Stimmung sieht man, dass es fast keine Lichtquellen und Schlagschatten gibt. Denk daran, die hellen Flächen von Beginn an auszusparen, wenn du traditionell zeichnest.

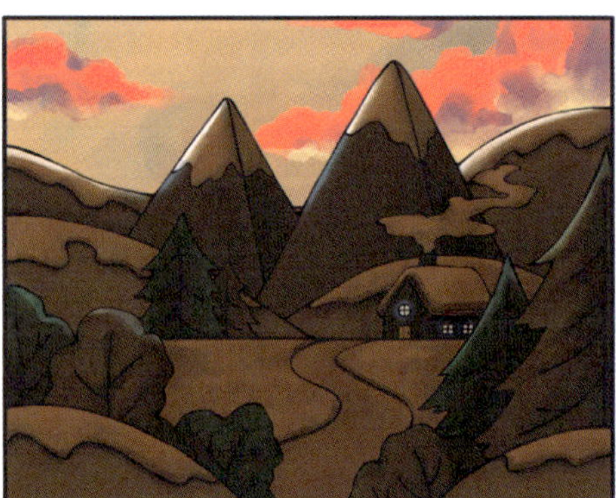

Warm / Abendlich Um die Grundstimmung eines Bilds zu ändern, kannst du die vorab kolorierten Elemente mit einer weiteren Farbe überdecken (hier orange). Einige Bereiche sollten dann diesem Farbschema und dem Lichteinfall angepasst werden. Für den Himmel habe ich Gelb- und Rottöne gewählt.

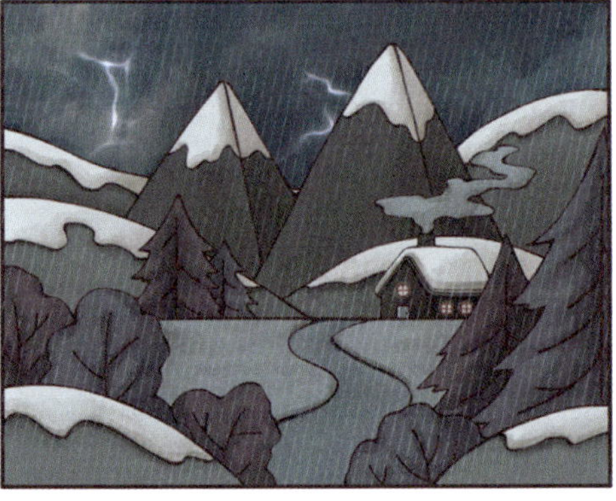

Trist / Stürmisch Wenn der Himmel tagsüber wolkenverhangen ist und ein Gewitter aufkommt, würde man die Landschaft wie in diesem Beispiel in monochromen Farben sehen. Durch das Vermischen von Grau mit anderen Farben kannst du verschiedene kühlere oder wärmere Grautöne erschaffen.

PROBIER ES AUS!

Für diese Übung kannst du die Landschaften nach deinem Belieben kolorieren – entweder ähnlich wie die Stimmungen auf der linken Seite oder du kannst dir ganz neue Farbwelten überlegen, vielleicht auch mithilfe einer Vorlage im Internet.

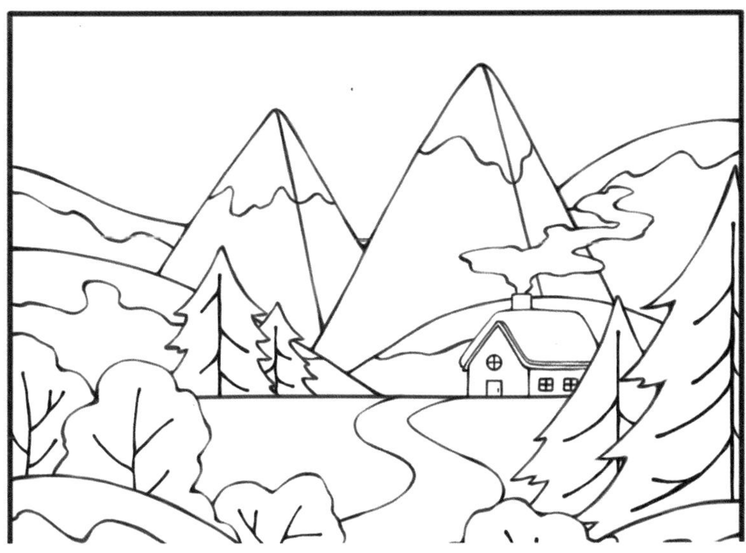

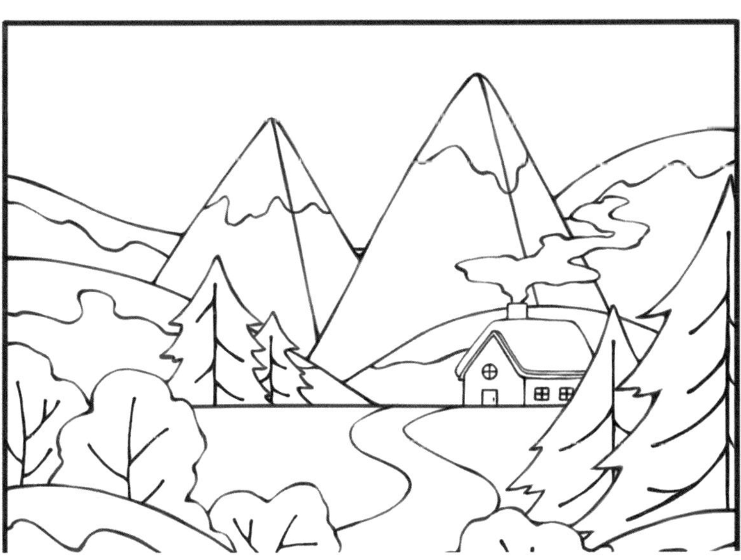

DER MANGA-STIL

Was macht den Manga-Stil eigentlich aus? Anhand von zwei Portraits gehen wir einmal zusammen die jeweiligen Gesichtsmerkmale durch, weil sich hier viele typische Eigenschaften wiederfinden, die man mit Mangas verbindet. Auf der rechten Seite sind noch ein paar Tipps und Anregungen zum Thema Zeichnen.

GESCHICHTE Mangas sind japanische Comicbücher, die mit der Zeit einige ausgeprägte Stilelemente hervorgebracht haben. Die Geschichte dieses Zeichenstils reicht weit in die Vergangenheit bis ins Mittelalter zurück und hat sich dann besonders durch die Digitalisierung im 21. Jahrhundert auf der ganzen Welt verbreitet. Mittlerweile gibt es weltweit viele Menschen, die im Manga-Stil zeichnen. Wenn man Manga-Geschichten zeichnet/schreibt, wird man auf japanisch als Mangaka (Zeichner:innen bzw. Autor:innen von Mangas) bezeichnet.

STIL Der Stil selbst ist sehr vielfältig und ständig im Wandel. Es gibt daher keine eindeutige Definition, die immer zutrifft. Stattdessen gibt es aber durchaus Merkmale, die sehr häufig zu sehen sind und worunter man im Allgemeinen heutzutage den Manga-Stil versteht.

TYPISCH MANGA

Gesichtszüge werden in Mangas oft vereinfacht und übertrieben groß oder klein dargestellt. Das dient dazu, dass man Mimik und Emotionen durch die Zeichnung umso stärker ausdrücken kann. Ich beschreibe dir wie folgt, was im Manga-Stil typischerweise anders ist als bei einem realistischeren Zeichenstil:

REALISTISCHER STIL

- Das wohl bekannteste Merkmal im Manga-Stil sind die vergrößerten **Augen**. Ebenfalls um einiges größer sind die Pupillen, Glanzpunkte und Wimpern.
- Für die **Nase** reicht oft ein leichter Strich und Punkt. Der Nasenrücken ist nur ein wenig angedeutet und die Nasenflügel sind quasi nicht zu sehen.
- Der **Mund** wird auch verkleinert und kürzer dargestellt. Um die Unterlippe oder das Kinn anzudeuten, kommt noch eine feine Linie unter dem Mund hinzu.
- Weiterhin wird auch der **Hals** schmaler gezeichnet als im realistischen Stil. Außerdem kommt die Kieferpartie stärker hervor, was den Schatten am Hals vergrößert.
- Im Manga-Stil werden die **Haare** stilisiert dargestellt. Die Struktur auf der Haaroberfläche wird vereinfacht – d.h. die Oberfläche wird glatter und man sieht weniger einzelne Haare als im realistischeren Stil; stattdessen zeigt man mehr Umrisse der verschiedenen Strähnen.

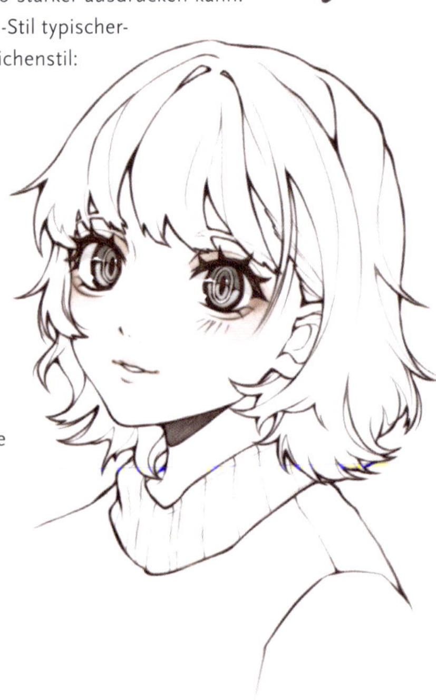

Wie entwickelt man einen eigenen Zeichenstil?

Besonders empfehlenswert ist das Nutzen von Referenzen, also das Abzeichnen von Fotos oder den Bildern anderer Künstler:innen. Das Abzeichnen hilft dir, dein Gefühl für Proportionen zu verbessern und anschließend kannst du das Bild nach deinen eigenen Vorstellungen abwandeln. Es ist völlig in Ordnung, wenn du besonders am Anfang viel abzeichnest – mit der Zeit wirst du merken, wie dein persönlicher Stil ganz von selbst zum Vorschein kommt. Vergleiche aber deinen Fortschritt nicht mit anderen. Jeder/r hat ein eigenes Tempo!

Was motiviert dich persönlich zum Zeichnen?

Damit du nachhaltig Gefallen an deinem Hobby findest und Frustration vermeidest, lohnt es sich, in sich zu gehen und zu überlegen, was der Grund/die Gründe sind, die dich zum Zeichnen bewegen. Jede Person kann eine unterschiedliche Motivation haben. Zum Beispiel: Entspannungsaktivität nach einem langen Tag, Ausleben von Fantasien, Austausch mit anderen, usw.

Worauf achtet man bei der Artist-Etiquette?

Mittlerweile veröffentlichen mehr Menschen denn je im Internet, insbesondere über Social Media, ihre Kunst. Zum guten Ton gehört es, dass man den ursprünglichen @Artist beim eigenen Post erwähnt, wenn man zum Beispiel etwas abgezeichnet hat. Außerdem solltest du in der Beschreibung auch darauf hinweisen, falls du Hilfsmittel wie künstliche Intelligenz zum Erschaffen einer Zeichnung nutzt.

EMOJI SYMBOLE

Die folgenden Symbole haben wie Emojis die Funktion, gewisse Emotionen auszudrücken. Diese Darstellung von Gefühlen nennt man auch Bildsprache. Auf dieser Seite zeige ich dir manche der für Mangas charakteristischen Symbole, die häufiger auftauchen. Sie können im Gesicht, auf oder neben dem Körper einer Figur platziert werden.

Nervös

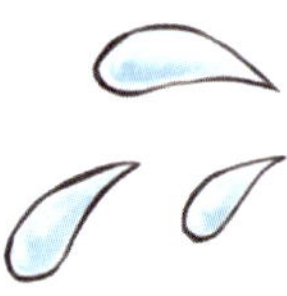

Die Wassertropfen sollen Schweiß darstellen, der austritt, wenn eine Figur nervös oder überfordert ist.

Schockiert

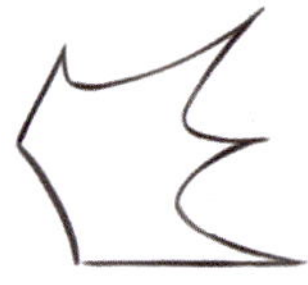

Ein Schock ist mit einem Zucken verbunden – z.B., wenn man sich erschreckt oder einem etwas einfällt.

Lachend

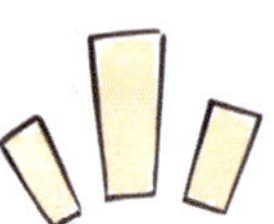

Diese Balken drücken die Geräusche eines Lachens aus und werden um den Kopf einer Figur herum platziert.

Bedrückt

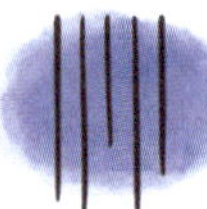

Wenn die Stirn blau gefärbt wird und noch senkrechte Linien dazukommen, bedeutet das Niedergeschlagenheit.

Weinend

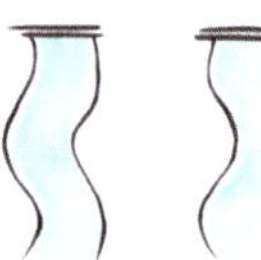

Die Augen sind nur noch Striche, wenn eine Figur weint. Dramatisch groß fließen Tränenflüsse herunter.

Seufzend

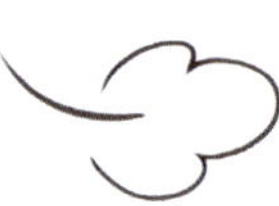

Die Richtung eines Seufzers wird durch eine Schwunglinie gezeichnet. Der Luftstoß ist wie eine Wolke.

Überrascht

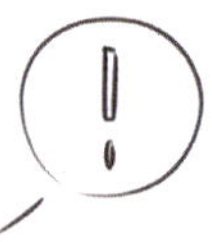

Neben dem Kopf erscheint ein Ausrufezeichen, wenn eine Figur auf etwas aufmerksam oder überrascht wird.

Wütend

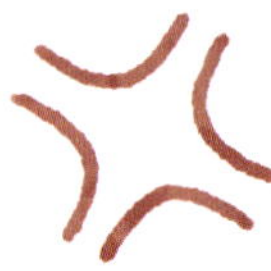

Die roten Linien, die sich zu einem Kreuz formen, sollen vor Wut angeschwollene Adern zeigen.

Schlafend

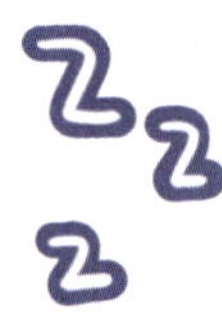

Die Z's werden neben einer Figur gezeichnet, weil die Atemgeräusche im Schlaf sich so anhören wie z z z.

Blushing

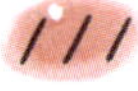

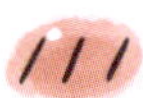

Striche auf den Wangen/im Gesicht drücken aus, dass eine Figur errötet, wenn sie heiter oder verlegen ist.

Ernüchtert

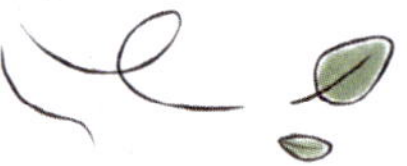

Peinliche Stille wird durch einen Windzug mit einzelnen Blättern begleitet. Ernüchterung macht sich breit.

Frustriert

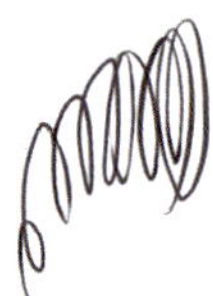

Unruhiges Gekritzel soll neben dem Kopf einer Figur verbildlichen, dass sie angespannt oder frustriert ist.

JETZT BIST DU DRAN!

Versuche den Hasen die passenden Emoji Symbole zuzuordnen, die aus deiner Sicht am besten zu den Gesichtsausdrücken passen. Hier gibt es kein richtig oder falsch – tob' dich einfach aus und zeichne, was dir gefällt.

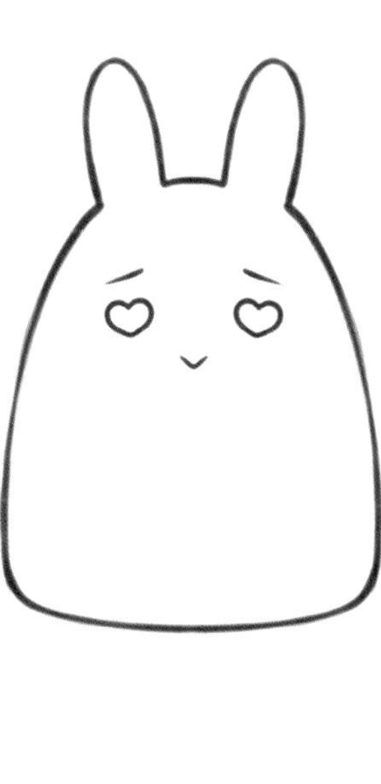
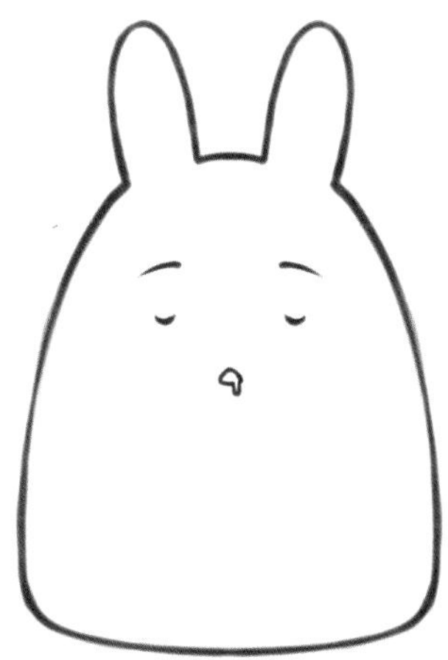
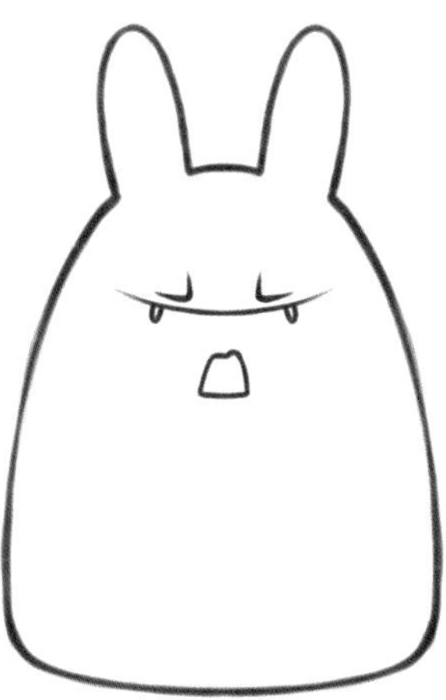
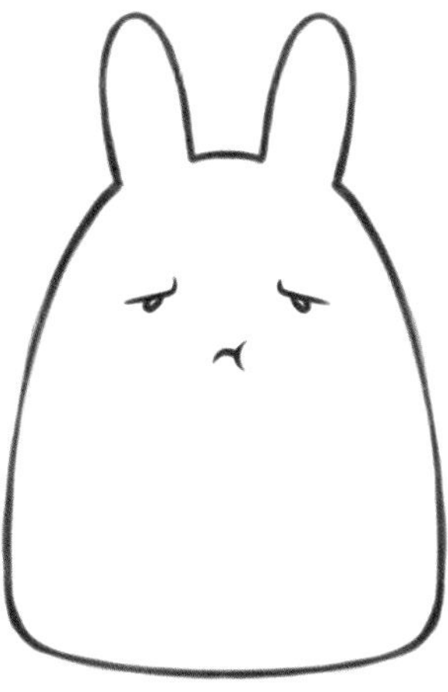
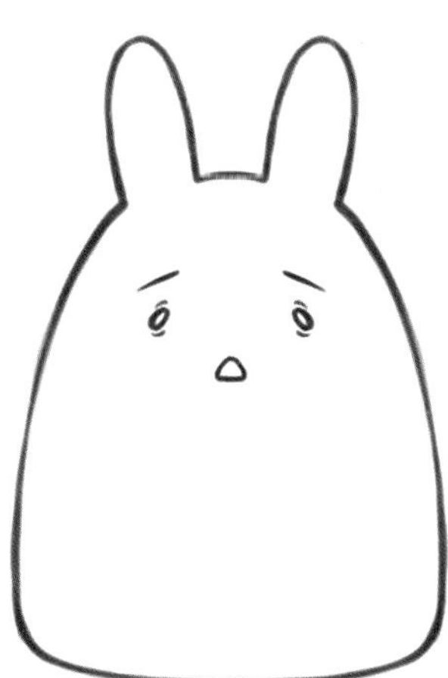
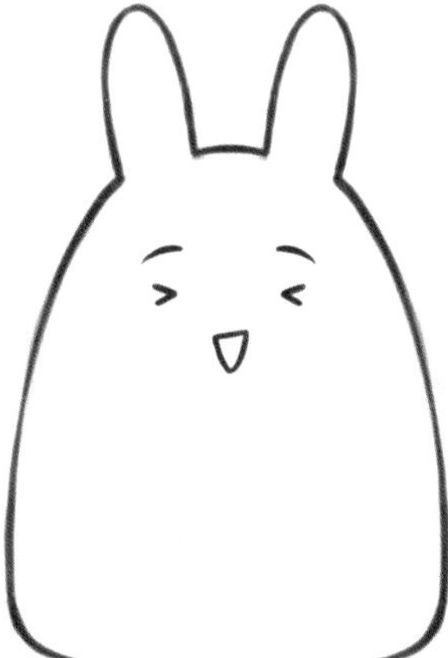

WEIHNACHTSZEIT IN JAPAN

Die weihnachtlichen Traditionen von Japanern unterscheiden sich teilweise völlig von unseren. Bräuche aus westlichen Ländern haben sich mit der japanischen Kultur vermischt. So feiert man etwa das Beisammensein von Freunden und Familie nicht unbedingt in religiöser Hinsicht, sondern auf eine ganz eigene Art und Weise.

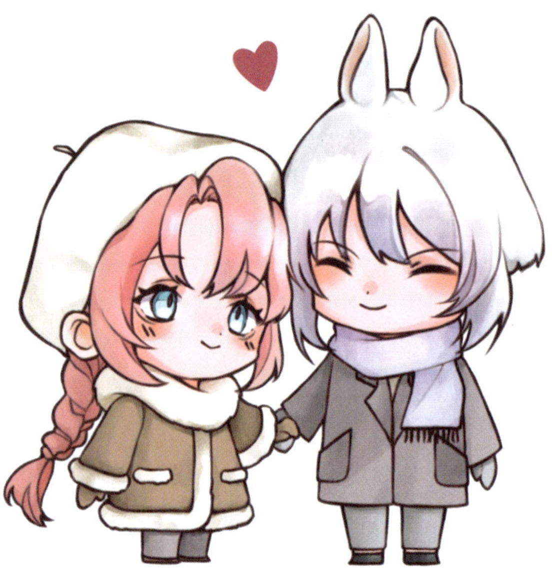

DATE Nach Valentinstag ist Heiligabend in Japan der wohl wichtigste Feiertag für Paare; sogar noch mehr als die Zeit mit der Familie. An diesem besinnlichen Abend gibt es Anlass, ein Liebesgeständnis zu machen, zusammen auf ein Date zu gehen oder sogar einen Antrag zu machen. Es ist ein Fest der Liebe.

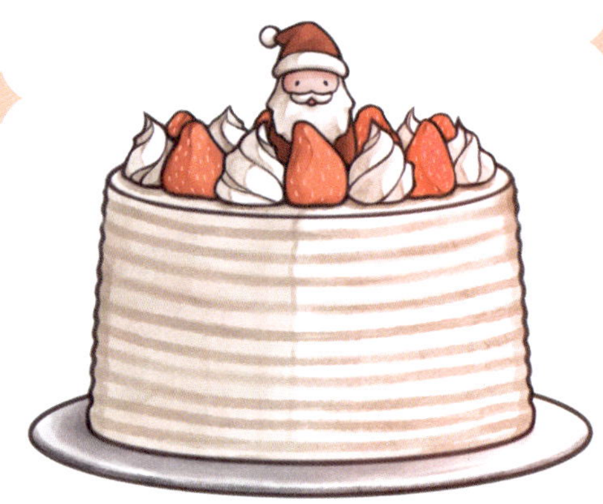

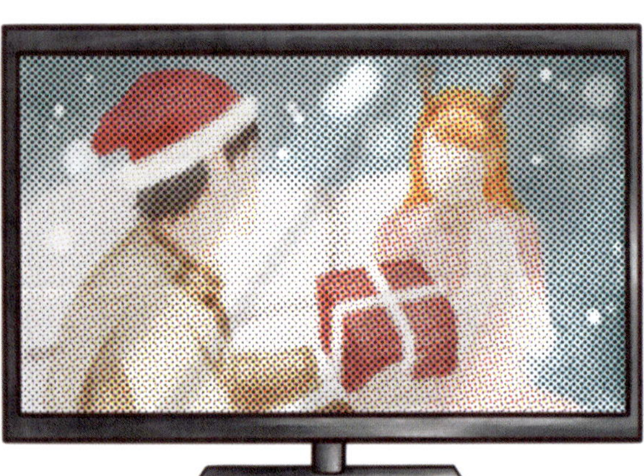

ERDBEEREN Ein typischer "Kurisumasu Keki" – also Christmas Cake – besteht meistens aus einem Biskuitkuchen, viel Sahne und natürlich Erdbeeren. Das Weiß soll an Schnee erinnern und im Zusammenspiel mit dem Rot auch an den Weihnachtsmann. Deshalb dürfen Erdbeeren an Weihnachten in Japan niemals fehlen!

ANIME Zu Weihnachten veröffentlichen viele Animeserien eine Weihnachtsfolge, die üblicherweise abseits der Hauptstory spielt. Dort geht es um die herzerwärmenden Interaktionen der Charaktere. Die Weihnachtsoutfits dürfen nicht fehlen! Das Schauen dieser Folgen gehört in Japan an Weihnachten einfach dazu!

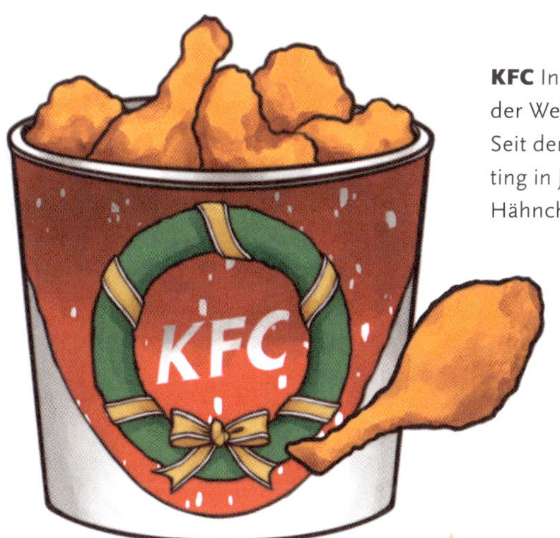

KFC In der bekannten Schnellrestaurant-Kette KFC gibt es in der Weihnachtszeit besondere Angebote und viel Nachfrage. Seit den 1970ern wurde es nämlich durch geschicktes Marketing in Japan Tradition, an Weihnachten einen Eimer frittiertes Hähnchen zu essen. Und das ist auch heute noch so!

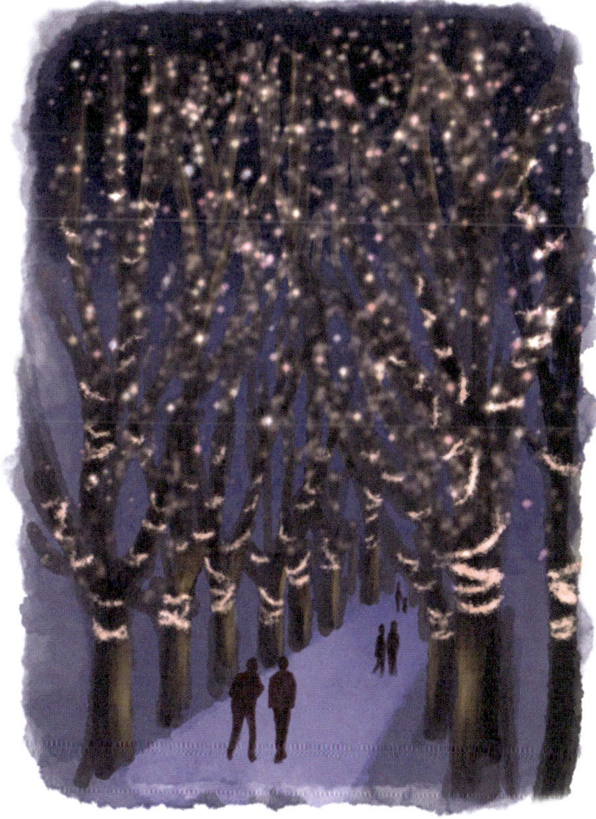

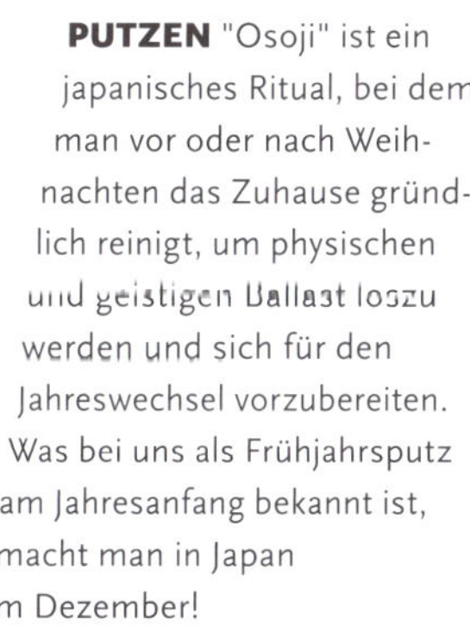

PUTZEN "Osoji" ist ein japanisches Ritual, bei dem man vor oder nach Weihnachten das Zuhause gründlich reinigt, um physischen und geistigen Ballast loszu werden und sich für den Jahreswechsel vorzubereiten. Was bei uns als Frühjahrsputz am Jahresanfang bekannt ist, macht man in Japan im Dezember!

LICHTER Was an Weihnachten in Japan auch nicht fehlen darf, ist das Bewundern der im Lichterglanz erleuchteten Straßen, Parks und Einkaufszentren. Vor allem im Dunkeln erfreuen sich die Menschen bei langen Spaziergängen über die prächtigen Dekorationen, die eine magische Atmosphäre erzeugen.

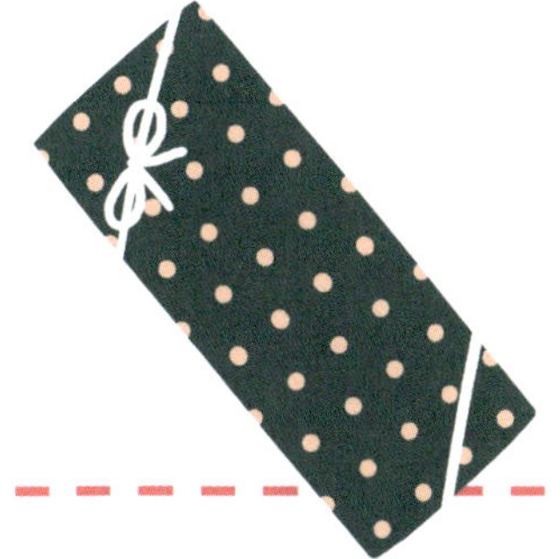

KREUZWORTRÄTSEL

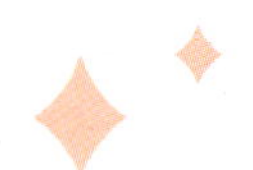
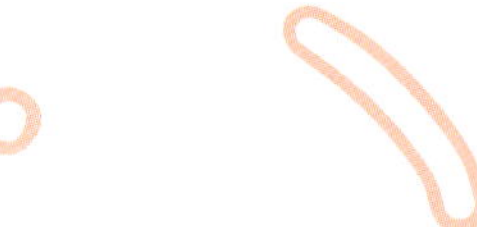
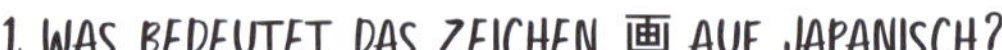

Bevor wir mit dem ersten Türchen starten, habe ich dir ein noch spannendes Rätsel vorbereitet, in dem du dein Wissen unter Beweis stellen kannst. Alle Informationen, die du zur Beantwortung der Fragen brauchst, findest du hier im Einleitungsteil oder weiter hinten bei den Fun Facts in den Zwischenseiten dieses Buchs.

1. WAS BEDEUTET DAS ZEICHEN 画 AUF JAPANISCH?
2. WELCHE JAHRESZEIT VERBINDET MAN IN JAPAN AM MEISTEN MIT FEUERWERKEN?
3. WELCHES SCHNELLRESTAURANT BESUCHEN DIE JAPANER AN WEIHNACHTEN AM MEISTEN?
4. WOMIT KANN MAN RASTERFOLIEN ZURECHTSCHNEIDEN?
5. WIE NENNT MAN EIN KOSTÜM-ROLLENSPIEL AUCH?
6. WIE SAGT MAN WEIHNACHTEN AUF JAPANISCH?
7. ZU WELCHER RELIGION GEHÖRT DER JAPANISCHE SCHREIN?
8. WAS BEDEUTET SHŌJO ÜBERSETZT AUF DEUTSCH?
9. ÜBER WAS FÜR EINE CREW HANDELT DER MANGA ONE PIECE?
10. WELCHER HÄRTEGRAD BEIM BLEISTIFT EIGNET SICH GUT ZUM VERWISCHEN?
11. NENNE DIE KOMPLEMENTÄRFARBE VON GRÜN.
12. WELCHE FRUCHT DARF AUF EINEM WEIHNACHTSKUCHEN IN JAPAN GEWÖHNLICH NICHT FEHLEN?
13. EINE PERSON, DIE MANGAS ZEICHNET, NENNT MAN:
14. WELCHES GESICHTSMERKMAL WIRD IM MANGA-STIL MEISTENS BESONDERS VERGRÖSSERT GEZEICHNET?

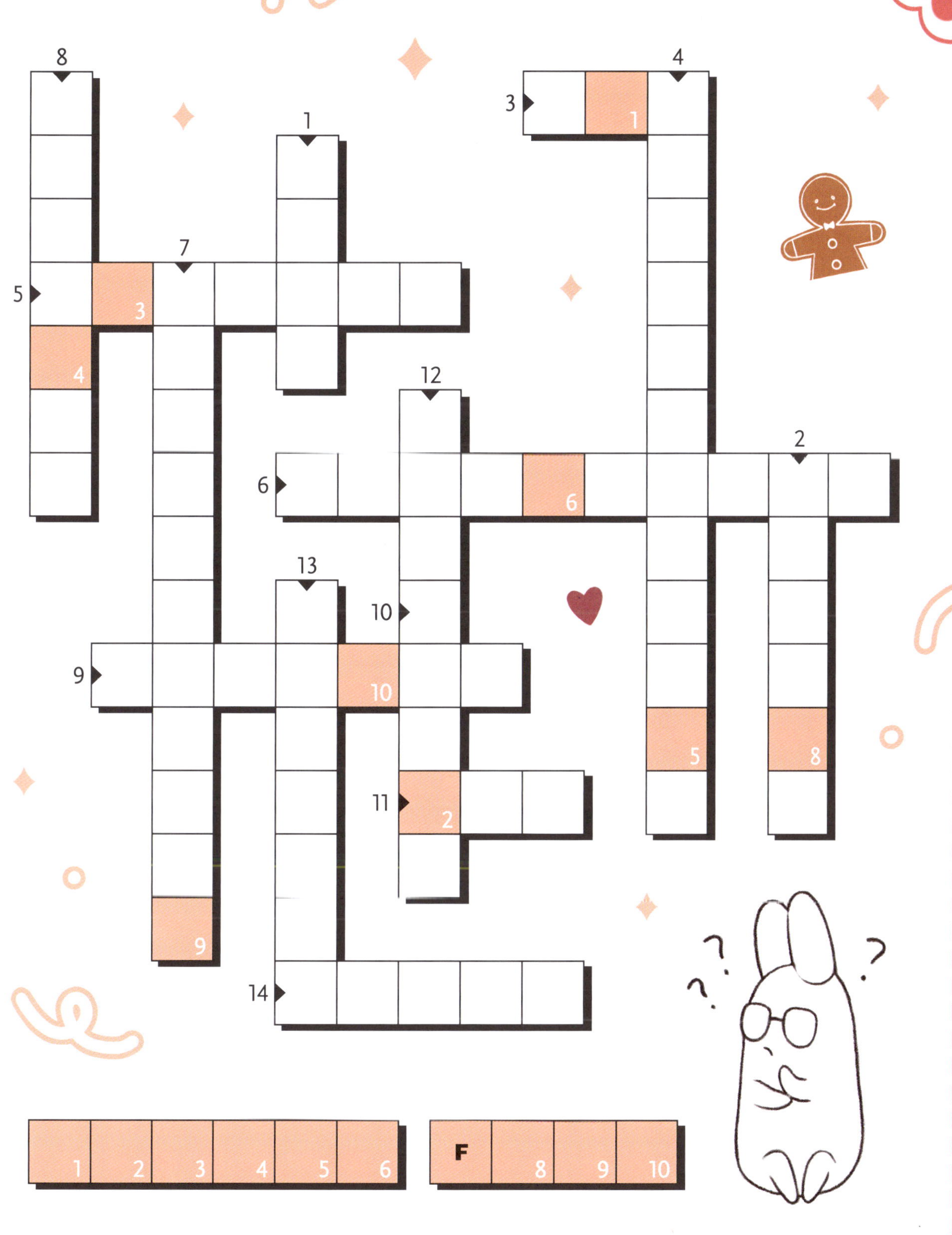

Die Auflösung findest du ganz hinten im Buch. Versuch es aber erstmal selbst ;)

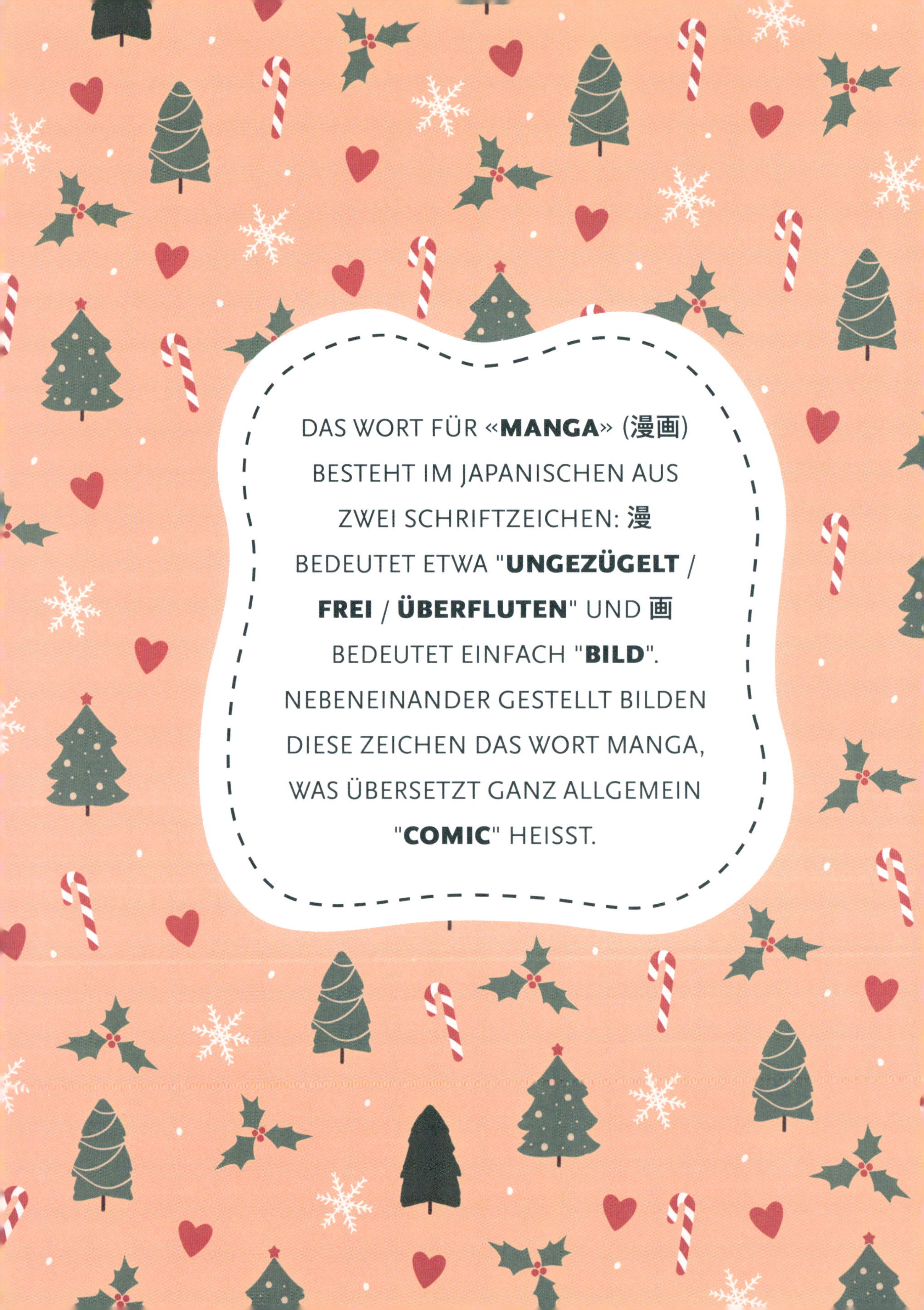

DAS WORT FÜR «**MANGA**» (漫画) BESTEHT IM JAPANISCHEN AUS ZWEI SCHRIFTZEICHEN: 漫 BEDEUTET ETWA "**UNGEZÜGELT** / **FREI** / **ÜBERFLUTEN**" UND 画 BEDEUTET EINFACH "**BILD**". NEBENEINANDER GESTELLT BILDEN DIESE ZEICHEN DAS WORT MANGA, WAS ÜBERSETZT GANZ ALLGEMEIN "**COMIC**" HEISST.

1

1. AUGEN STEP BY STEP

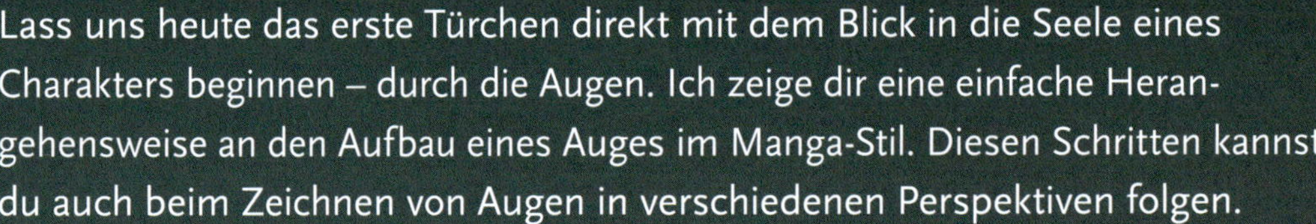

Lass uns heute das erste Türchen direkt mit dem Blick in die Seele eines Charakters beginnen – durch die Augen. Ich zeige dir eine einfache Herangehensweise an den Aufbau eines Auges im Manga-Stil. Diesen Schritten kannst du auch beim Zeichnen von Augen in verschiedenen Perspektiven folgen.

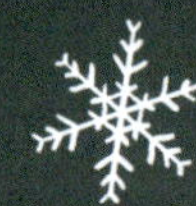

1

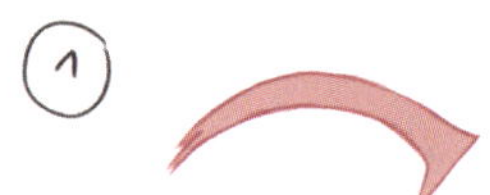

Ein Auge kannst du am besten mit der grundlegenden Form des Wimpernkranzes beginnen. Die Form kannst du an die Persönlichkeit der Figur anpassen, die zu zeichnest – zum Beispiel ganz streng gerade oder sanft gewölbt. Bei dieser Vorlage habe ich eine neutral gebogene Form erstellt. Die Linie der Wimpernform kannst du auch dicker oder dünner machen.

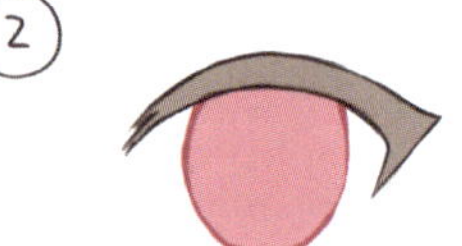

Als nächstes setze ich die Iris ins Auge und beachte dabei schon die Perspektive und die Blickrichtung. Die Iris kann also auch weiter links oder rechts unter dem Wimpernkranz sein. In dieser Vorlage ist eine Frontalansicht zu sehen. Der ovale Kreis der Iris ist normalerweise oben von den Wimpern angeschnitten.

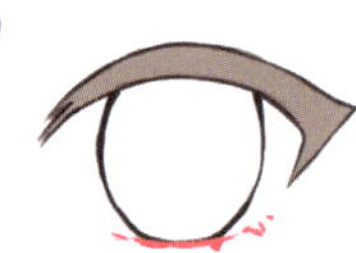

Die unteren Wimpern sind kürzer und feiner. Hier kannst du eine leicht gestrichelte und gebogene Linie machen, die die Augenränder andeutet. Da der Manga-Stil meistens nicht sehr realistisch ist, kann diese Darstellung ausreichen, damit das Auge vollständig aussieht. Für einen stärkeren Effekt kannst du die Wimpern aber auch dicker zeichnen.

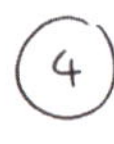

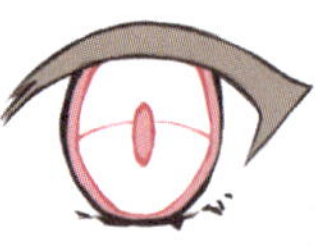

Um die Augen mit Leben zu füllen, folgen nun die Pupille und mehr Struktur für die Iris. Je nachdem, wohin die Figur schaut, kann die Pupille in der Mitte oder weiter links, rechts, oben bzw. unten platziert werden. Ich habe hier die Umrisslinie der Iris verdickt, damit das Auge ausdrucksstärker wirkt.

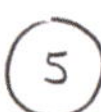

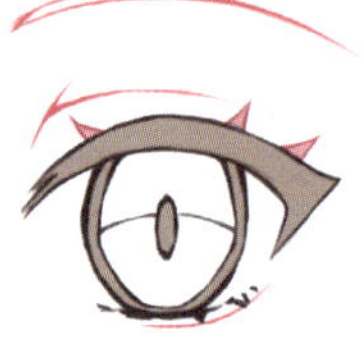

Noch mehr Tiefe und Ausdruck kannst du durch Falten über und unter dem Auge erschaffen. Dazu kommen die Wimpern am oberen Wimpernkranz und auch noch die Augenbraue. Die Form und Position der Augenbrauen hängt auch von der Perspektive und der Mimik ab, die du darstellen möchtest.

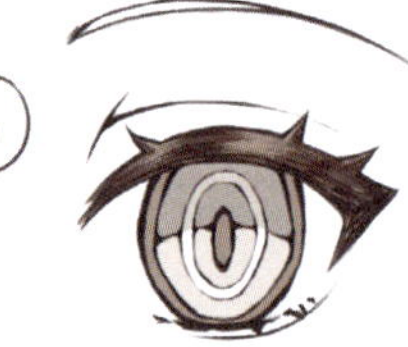

Wenn du ein Auge in einer Nahaufnahme zeichnest, dann kannst du noch weitere Details in der Iris und auf dem Wimpernkranz – wie Muster und Schatten – einbauen. Je kleiner ein Auge im Gesamtmotiv ist, desto weniger Einzelheiten sind zu sehen.

Formen & Variationen

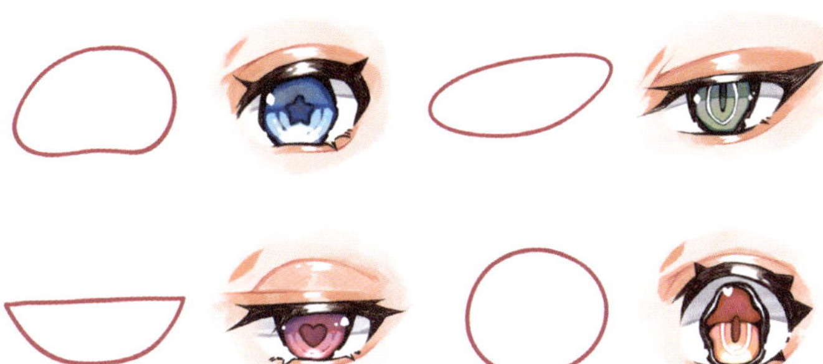

Damit du eine bessere Vorstellung davon hast, was man mit Augen alles machen kann, habe ich dir einige Augenformen und Gestaltungen für die Iris und Pupillen als Beispiel vorbereitet. Wie du siehst, machen zum Schluss besonders die Farben und die Lichtreflexe viel Eindruck und zeigen die Persönlichkeit einer Figur. Hier ist alles möglich!

JETZT DU!

Nun kennst du die Bestandteile eines Auges, die im Manga-Stil typischerweise auftauchen. Folge der beschriebenen Herangehensweise, dann werden dir wunderschöne Augen gelingen!

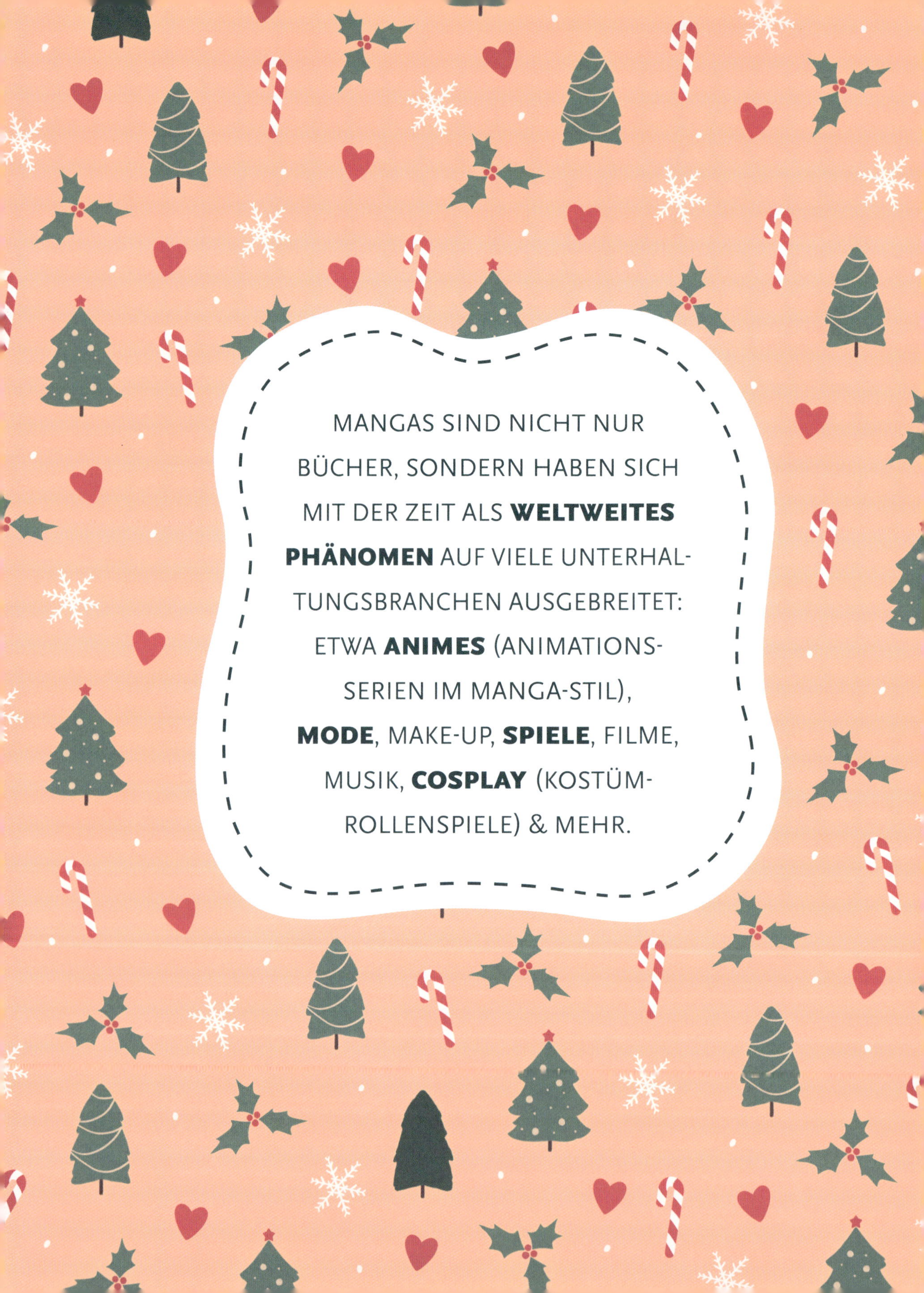

MANGAS SIND NICHT NUR BÜCHER, SONDERN HABEN SICH MIT DER ZEIT ALS **WELTWEITES PHÄNOMEN** AUF VIELE UNTERHALTUNGSBRANCHEN AUSGEBREITET: ETWA **ANIMES** (ANIMATIONSSERIEN IM MANGA-STIL), **MODE**, MAKE-UP, **SPIELE**, FILME, MUSIK, **COSPLAY** (KOSTÜM-ROLLENSPIELE) & MEHR.

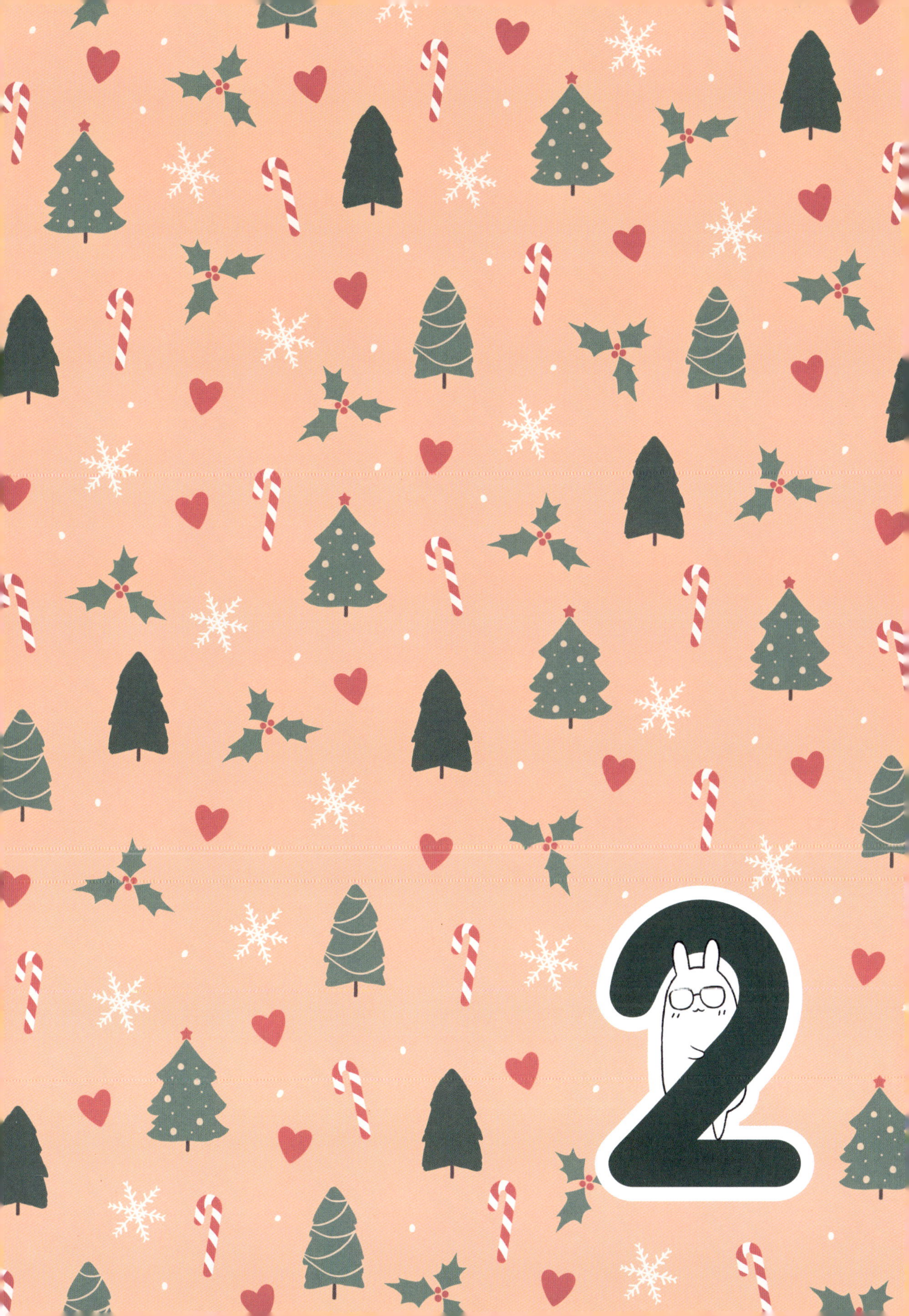
2

2. PROPORTIONEN GESICHT

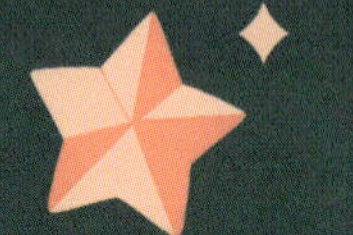

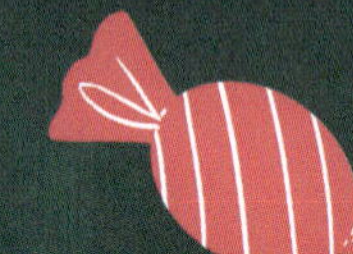

Heute machen wir weiter mit den Grundlagen zu den Gesichtsproportionen! Die Positionen der Elemente im menschlichen Gesicht sind generell schon bekannt; aber um die Gesichtszüge im Manga-Stil darzustellen, können Hilfslinien, die zusammen ein Raster ergeben, dir bestimmt ebenso nützlich sein.

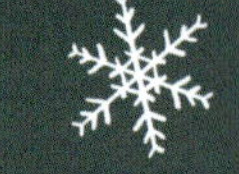

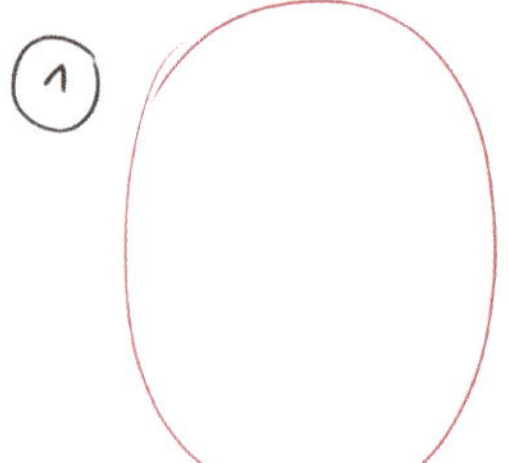

Für einen menschlichen Kopf kannst du einen oval geformten Kreis skizzieren. Der Kreis muss nicht sofort die finale Gesichtsform haben, die du dir vorstellst. Am besten benutzt du erstmal einen feinen Bleistift, den man später gut wegradieren kann.

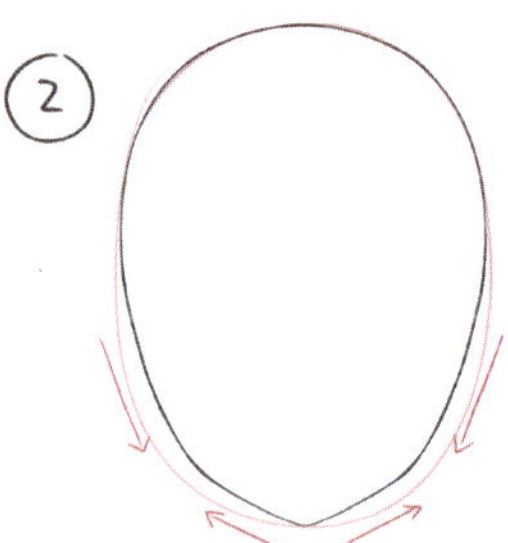

Im nächsten Schritt erstellst du die Grundform des Gesichts, indem du die untere Hälfte in zwei Schritten abrundest. Dadurch stellt man den Kiefer und das Kinn dar, weil diese Knochenpartien meistens schmaler als der obere Kopfbereich sind.

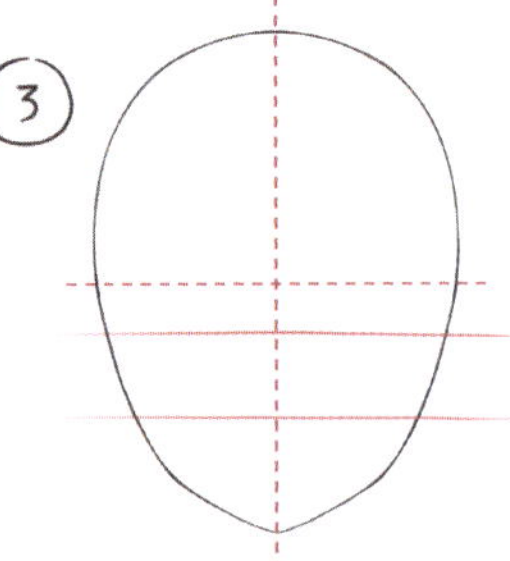

Nun kommen die weiteren Hilfslinien zum Einsatz: Teile den Kopf mit einem + direkt in der Mitte, sodass die Abstände zu Scheitel/Kinn und zwischen den Ohren gleich lang sind. Zeichne darunter zwei parallele Hilfslinien, nach ihnen richten sich die Pupillen und die Nase.

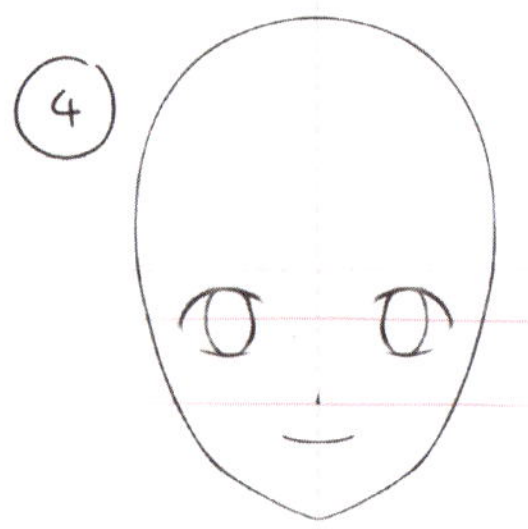

Weiter geht es mit den Gesichtszügen: Die Augen liegen mittig auf der Hilfslinie. Die Nasenspitze liegt direkt auf der unteren Hilfslinie und der Mund knapp darunter. Beachte, dass diese Positionen je nach Design aber auch variieren können.

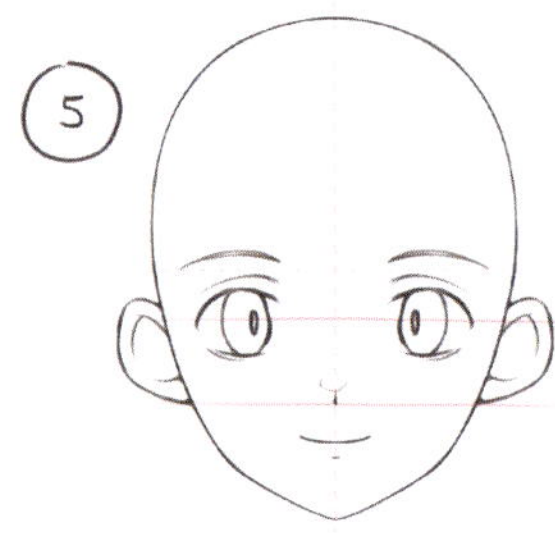

Die Pupillen liegen direkt auf der Hilfslinie, die je nach Charakter-Design auch mal etwas höher oder tiefer platziert werden kann. Die Augenbrauen sind knapp über der Hälfte des Gesichts. Die Ohren kannst du ungefähr zwischen die Hilfslinien einzeichnen.

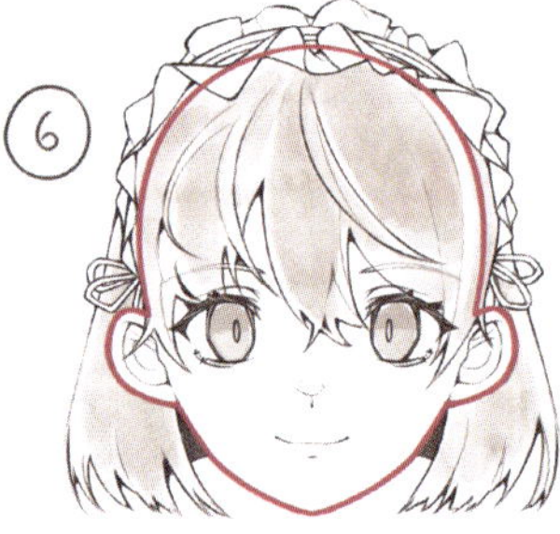

Zum Schluss ist es wichtig, dass du die Frisur mit etwas mehr Abstand zur Kopfform einzeichnest, weil die Haare natürlich Volumen haben und nicht direkt auf dem Kopf aufliegen. Accessoires und die Kolorierung machen das Gesicht dann vollständig.

UND JETZT DU!

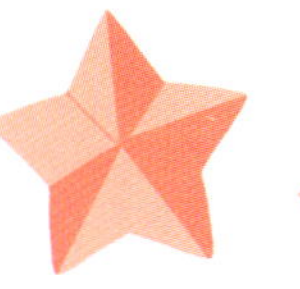

Mit den folgenden Schablonen kannst du selbst Schritt für Schritt die Gesichtselemente mit den richtigen Positionen einzeichnen. Unten ist auch noch mehr Platz, damit du die Hilfslinien mit einem Bleisitft selbst einzeichnen kannst!

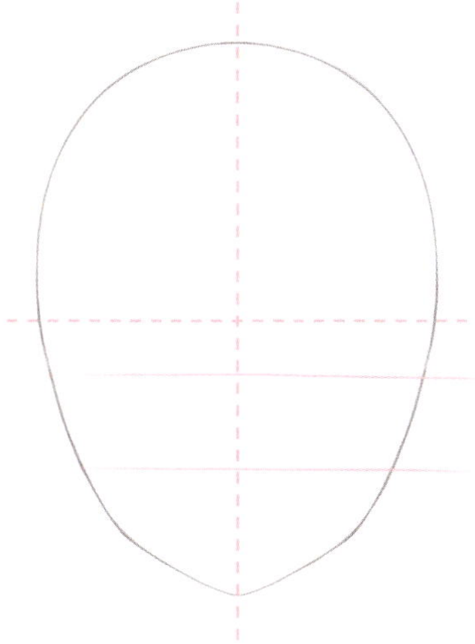

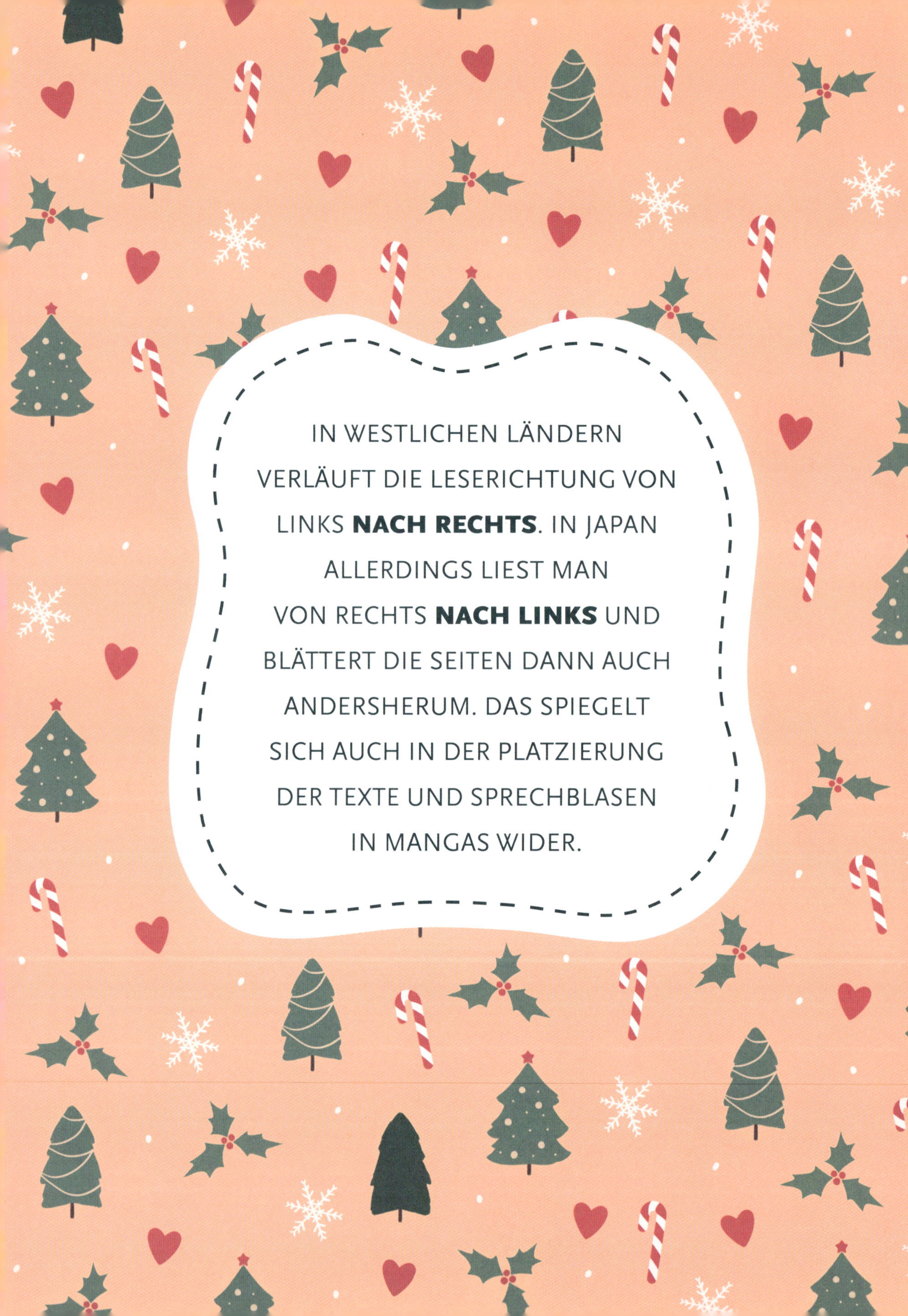

IN WESTLICHEN LÄNDERN VERLÄUFT DIE LESERICHTUNG VON LINKS **NACH RECHTS**. IN JAPAN ALLERDINGS LIEST MAN VON RECHTS **NACH LINKS** UND BLÄTTERT DIE SEITEN DANN AUCH ANDERSHERUM. DAS SPIEGELT SICH AUCH IN DER PLATZIERUNG DER TEXTE UND SPRECHBLASEN IN MANGAS WIDER.

3

3. HAARSTRUKTUREN

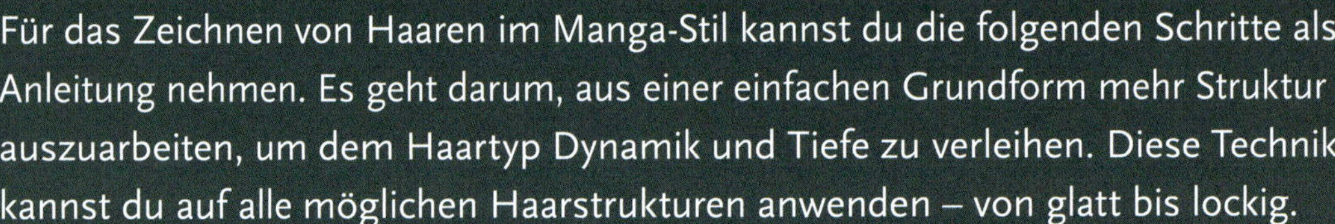

Für das Zeichnen von Haaren im Manga-Stil kannst du die folgenden Schritte als Anleitung nehmen. Es geht darum, aus einer einfachen Grundform mehr Struktur auszuarbeiten, um dem Haartyp Dynamik und Tiefe zu verleihen. Diese Technik kannst du auf alle möglichen Haarstrukturen anwenden – von glatt bis lockig.

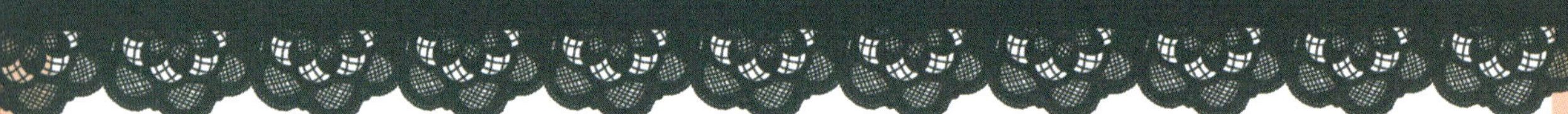

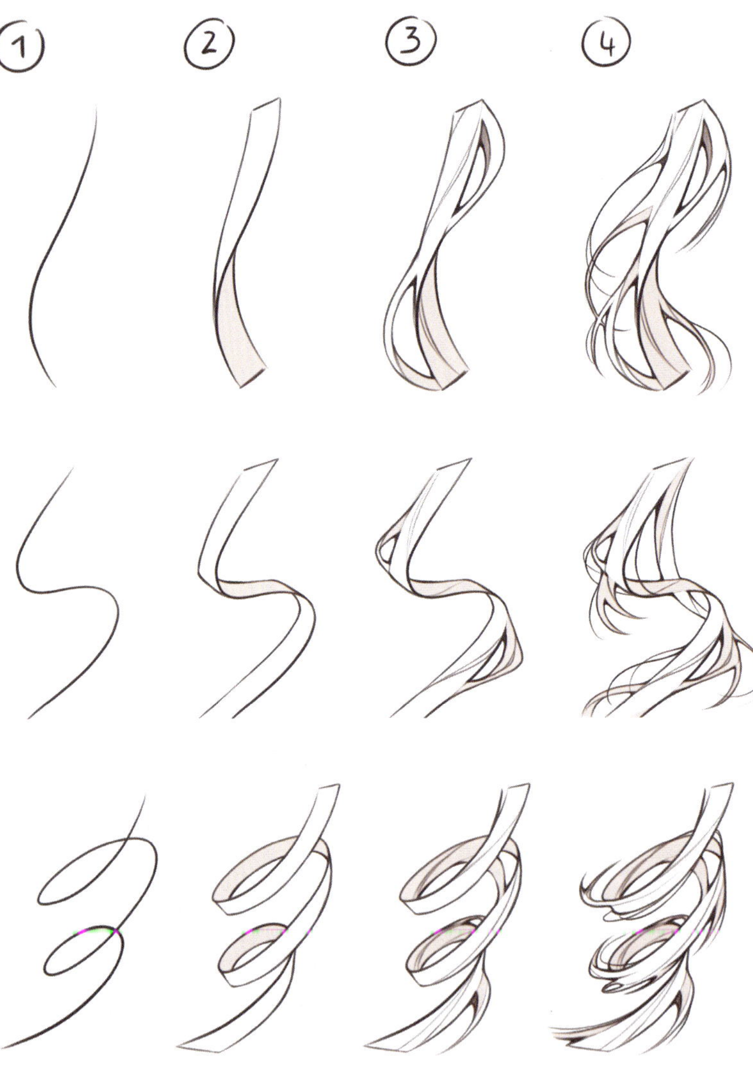

1 Als erstes skizzierst du mit einem Stift, den du später wegradieren kannst, eine Hilfslinie in der gewünschten Schwungform der Haarsträhne. Denk an runde Formen, die ohne harten Kanten verlaufen.

2 Dann machst du die Strähne dicker, indem du zwei etwa parallele Linien zeichnest. Stelle dir dabei die Haarsträhne als Band vor, das man biegen und drehen kann. Dadurch entstehen dann auch die 'Vorder'- und 'Rückseite'. Die Rückseite kannst du anschließend dunkler schattieren.

3 Als nächstes zeichnest du dünnere Strähnchen, die Lücken haben. Diese stellen die Haare dar, die von der Hauptform herausrutschen.

4 Zum Schluss kommen noch einzelne feine Haare dazu, die von der Strähne abzweigen. Auf die Hauptform kannst du noch dünne geschwungene Linien zeichnen, die dem Haar mehr Struktur geben. Insgesamt sollten alle Unterteilungen dem Schwung der Hauptform folgen, damit es natürlich aussieht.

PROBIER ES AUS!

Nutze den Platz, um dich im Zeichnen von verschiedenen Haarsträhnen zu üben. Beachte, dass es bei Haaren meistens keine harten Ecken und Kanten gibt, sondern eher abgerundete Linien.

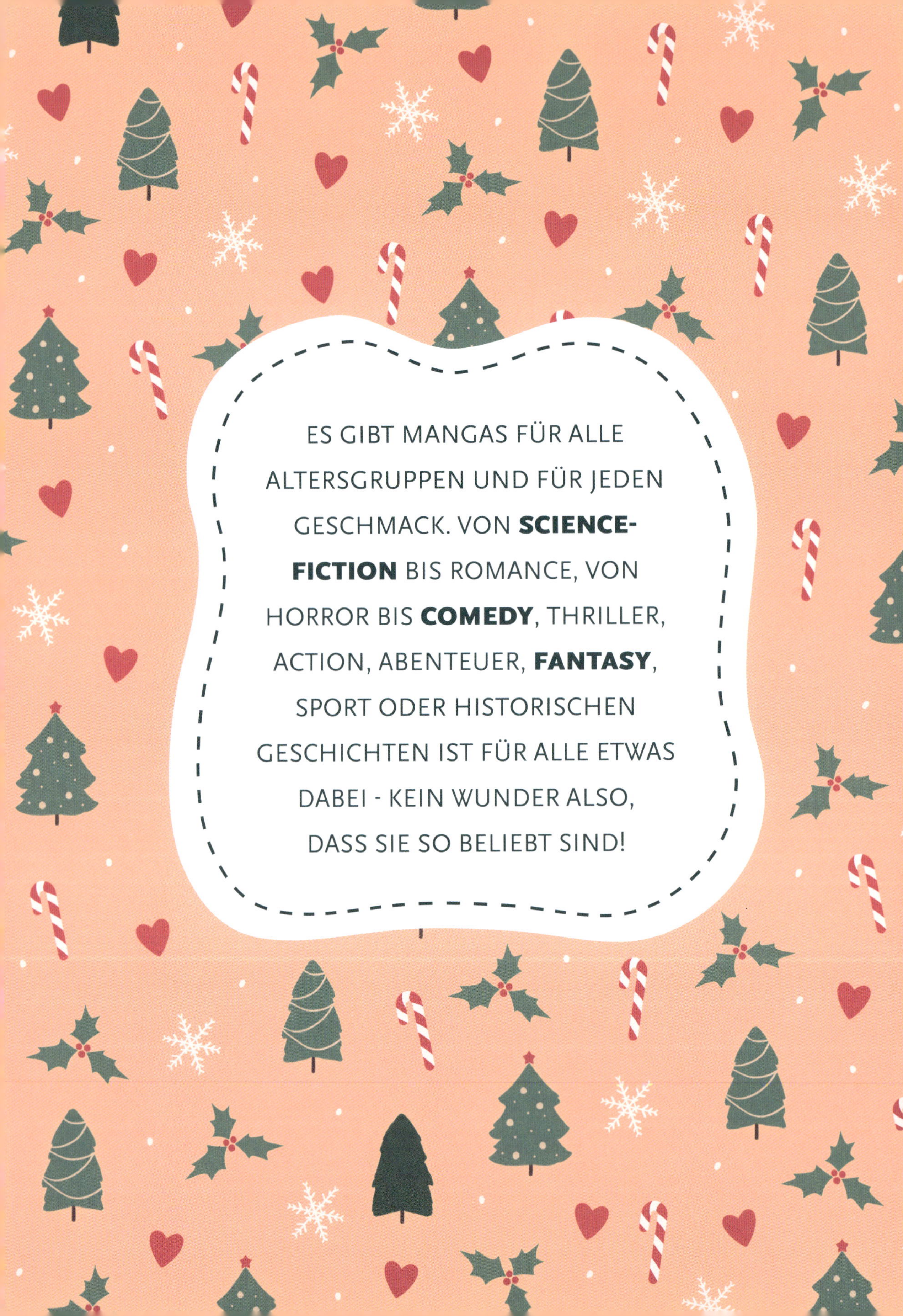

ES GIBT MANGAS FÜR ALLE ALTERSGRUPPEN UND FÜR JEDEN GESCHMACK. VON **SCIENCE-FICTION** BIS ROMANCE, VON HORROR BIS **COMEDY**, THRILLER, ACTION, ABENTEUER, **FANTASY**, SPORT ODER HISTORISCHEN GESCHICHTEN IST FÜR ALLE ETWAS DABEI - KEIN WUNDER ALSO, DASS SIE SO BELIEBT SIND!

4

4. KÖRPERPROPORTIONEN

Du hast bestimmt schonmal erlebt, dass die Proportionen des Körpers nicht ganz so gelungen sind, wie du es dir vorgestellt hast. Tatsächlich bin ich früher besonders daran öfter verzweifelt. Aber wenn du die folgenden Tipps beherzigst, verleiht dieses Kapitel dir beim Zeichnen bestimmt mehr Sicherheit.

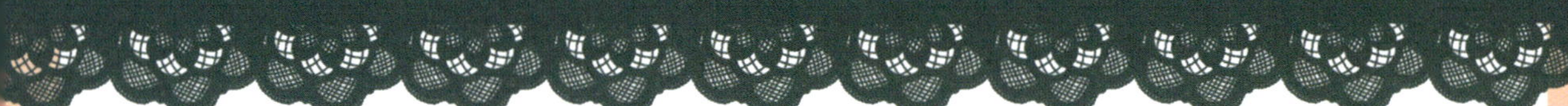

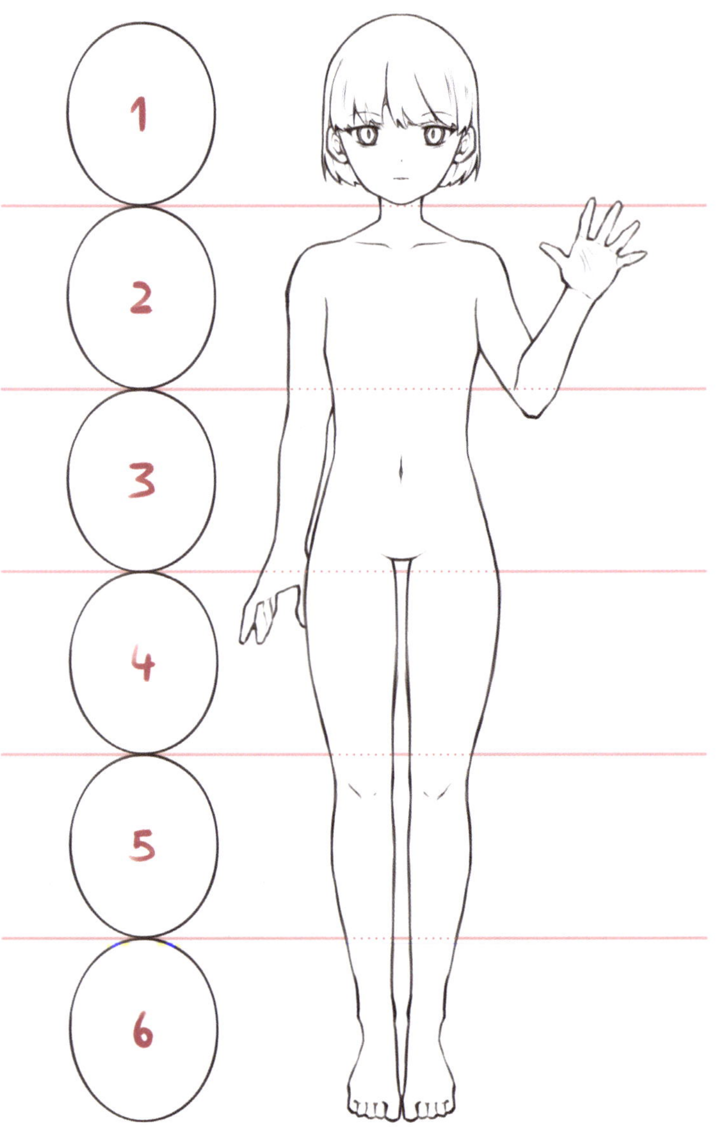

Allgemein kann man den Körper im Manga-Stil auf 6 Kopfhöhen aufteilen. Je nach Größe des Charakters kannst du jedoch auch 5 oder 7 Kopfhöhen als Maß verwenden – je nachdem, wie jung oder alt du einen Charakter darstellen möchtest. Außerdem sind Frauen meistens kleiner als Männer.

Die Proportionen im Beispiel links habe ich nach 6 Kopfhöhen aufgeteilt. Grundsätzlich befindet sich die Hälfte des Körpers immer beim Schritt. Die **erste** Kopfhöhe zählt vom Scheitel bis zum Kinn. Die **zweite** Kopfhöhe geht bis kurz unter die Brust; die **dritte** Kopfhöhe geht bis zum Beginn der Oberschenkel; die **vierte** Kopfhöhe geht bis zum Knie; die **fünfte** Kopfhöhe geht bis zum unteren Drittel der Schienbeine; und die **sechste** Kopfhöhe schließlich bis ganz unten zu den Zehenspitzen.

Individuell kann man anhand der Basis dann weitere Eigenschaften des Körpers ausbauen. Wenn der Körper weiblicher werden soll, gib ihm mehr Rundungen – sprich Brüste und Becken. Typische Eigenschaften von männlicheren Körpern sind schmalere Hüften und breitere Schultern.

DU BIST DRAN!

In dieser Vorlage kannst du das Zeichnen von Körperproportionen, gemessen an 6 Kopfhöhen, üben. Es passen zwei Charaktere nebeneinander. Zur Orientierung kannst du nochmal auf die linke Seite schauen!

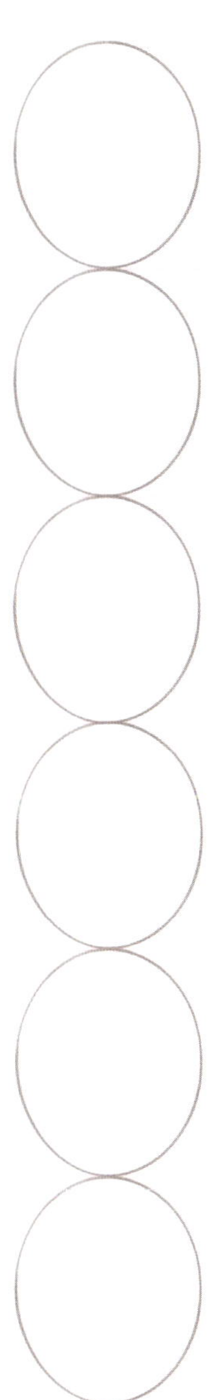

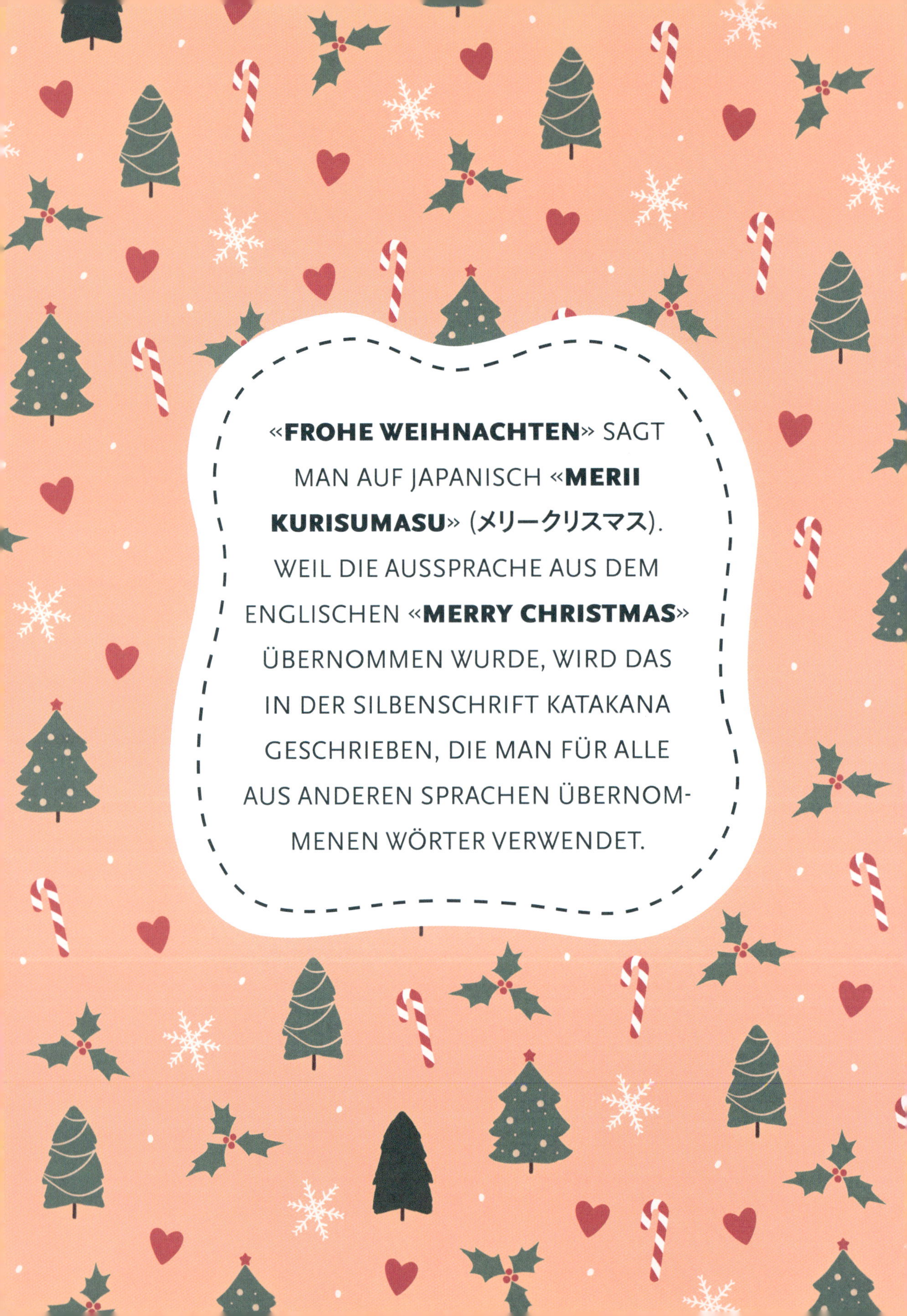
«**FROHE WEIHNACHTEN**» SAGT
MAN AUF JAPANISCH «**MERII
KURISUMASU**» (メリークリスマス).
WEIL DIE AUSSPRACHE AUS DEM
ENGLISCHEN «**MERRY CHRISTMAS**»
ÜBERNOMMEN WURDE, WIRD DAS
IN DER SILBENSCHRIFT KATAKANA
GESCHRIEBEN, DIE MAN FÜR ALLE
AUS ANDEREN SPRACHEN ÜBERNOM-
MENEN WÖRTER VERWENDET.

5

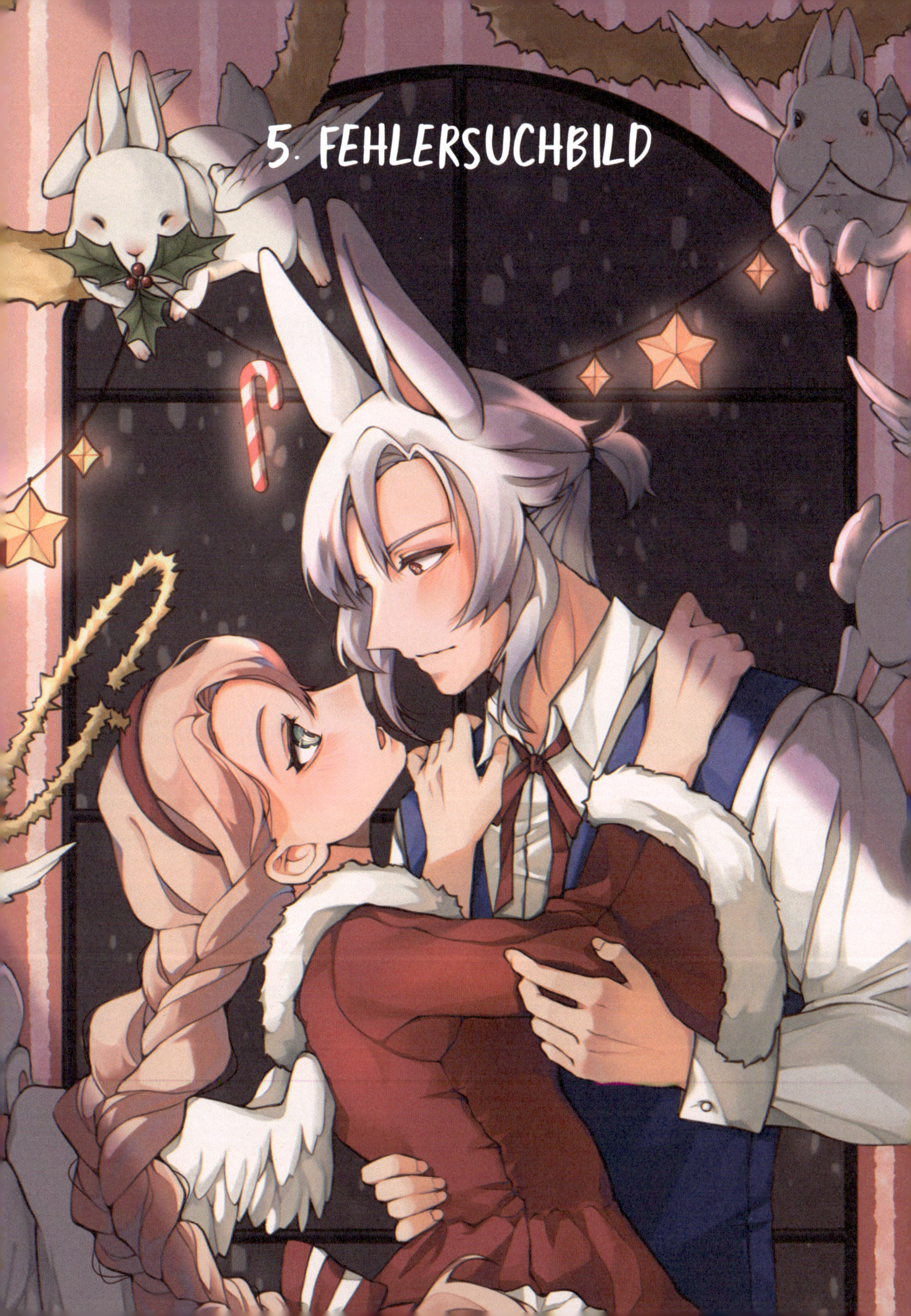
5. FEHLERSUCHBILD

JETZT DU!

Für das Weihnachtsmotiv, was du auf der linken Seite siehst, habe ich hier ein Lineart für dich zum Ausmalen vorbereitet. Außerdem verbergen sich 10 Fehler bzw. Unterschiede in dem Bild. Viel Erfolg beim Suchen!

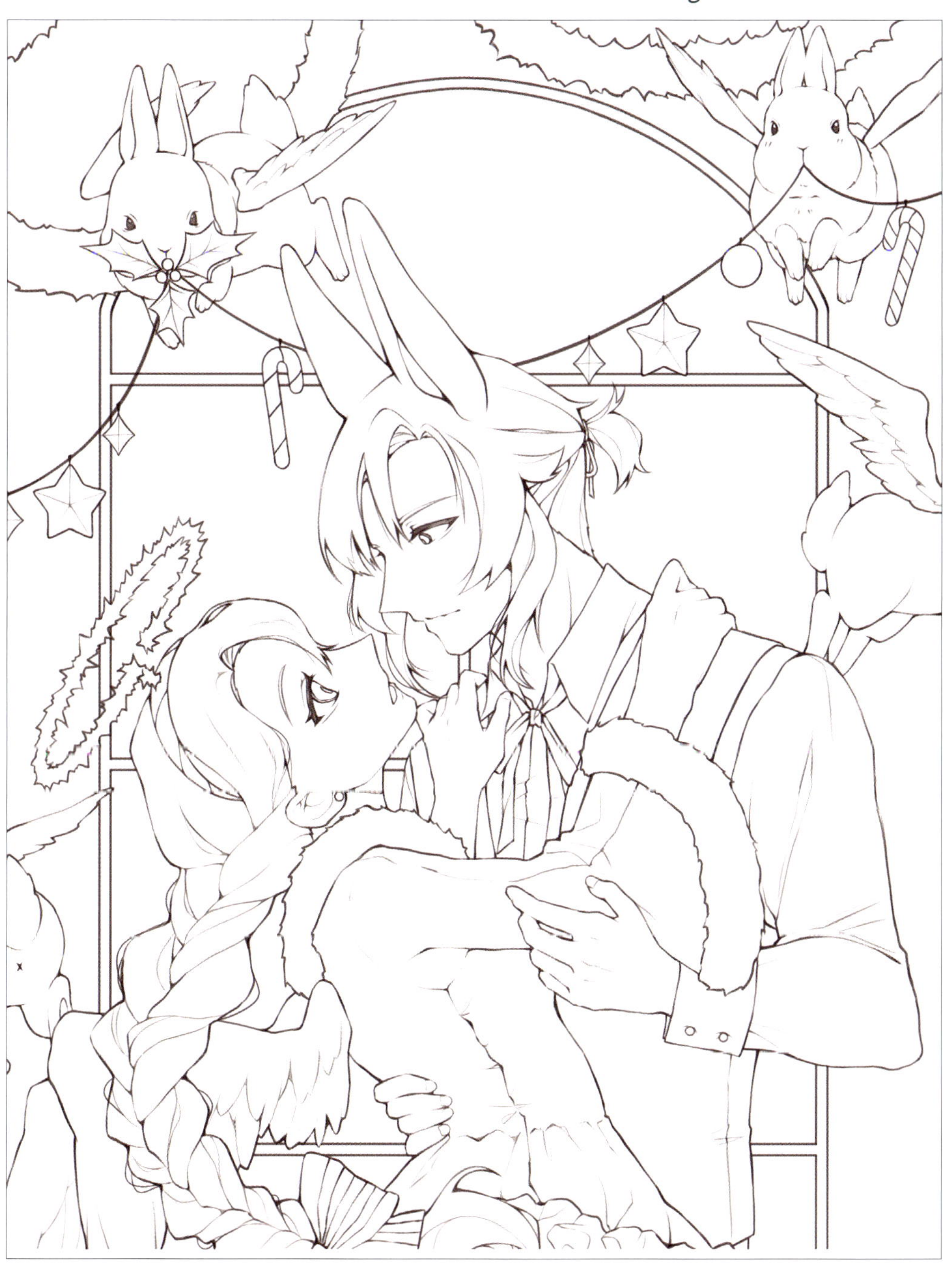

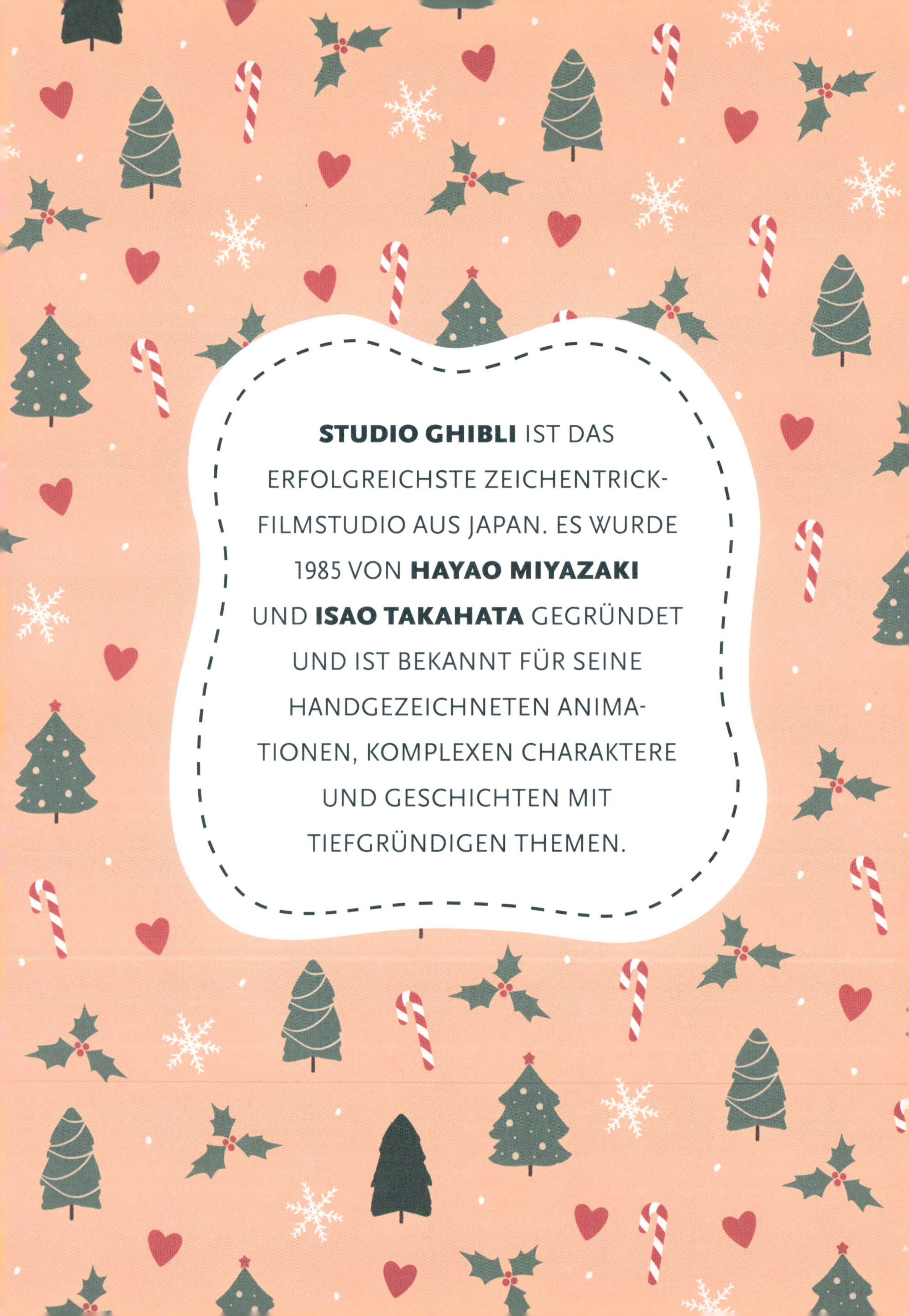

STUDIO GHIBLI IST DAS ERFOLGREICHSTE ZEICHENTRICK-FILMSTUDIO AUS JAPAN. ES WURDE 1985 VON **HAYAO MIYAZAKI** UND **ISAO TAKAHATA** GEGRÜNDET UND IST BEKANNT FÜR SEINE HANDGEZEICHNETEN ANIMATIONEN, KOMPLEXEN CHARAKTERE UND GESCHICHTEN MIT TIEFGRÜNDIGEN THEMEN.

6

6. GESICHTSAUSDRÜCKE

Die Gesamtheit von Gesichtsausdrücken bezeichnet man als Mimik. Sie bilden Gefühlszustände im Gesicht, die durch das Zusammenspiel von Augen, Nase, Mund und Augenbrauen entstehen. Heute gehen wir ein paar typische Emotionen und deren Merkmale durch, die im Manga-Stil öfter vorkommen.

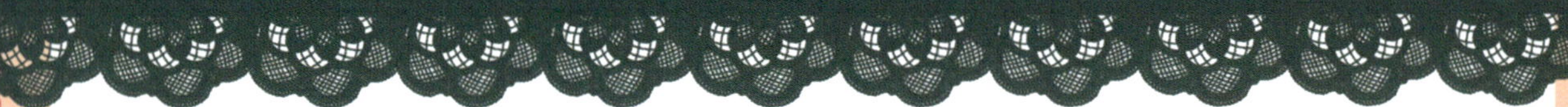

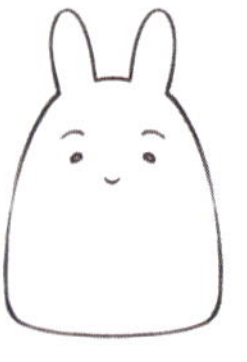

Fröhlich

1 Ein fröhlicher Gesichtsausdruck zeigt sich durch ein Lächeln und neutral geformte Augen und Augenbrauen. **2** Noch stärker kann man Fröhlichkeit ausdrücken, indem der Mund beim Lachen geöffnet ist und die Augen sich gleichzeitig schließen. Die Augenbrauen heben sich zusätzlich leicht nach oben.

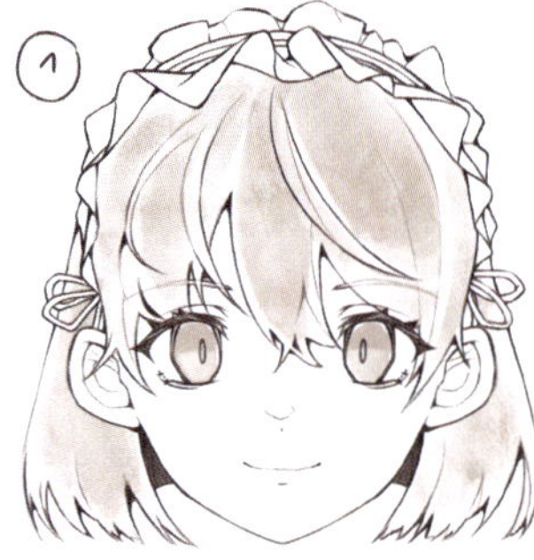

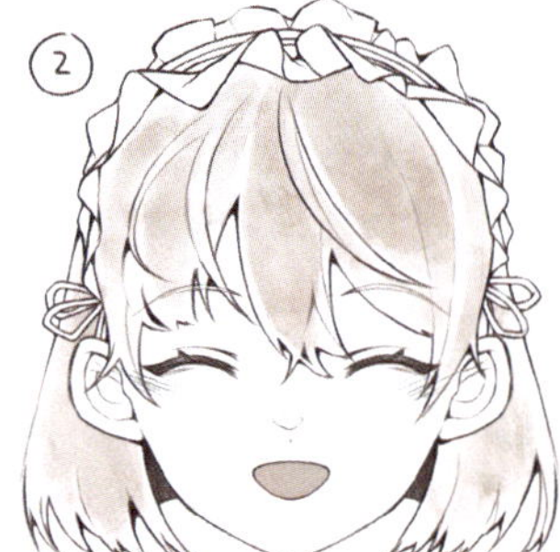

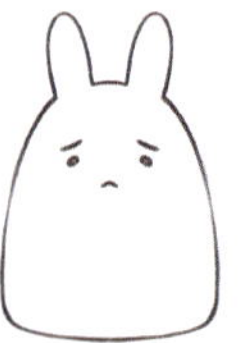

Traurig

1 Bei Traurigkeit ist der Mund geschlossen und die Lippen werden zusammengepresst, die Augenbrauen kommen zur Mitte hoch. **2** Um die Emotion stärker darzustellen, kommen noch Tränen an die Augenwinkel. Vom Weinen rötet sich die Nase. Außerdem sind die Augenbrauen und der Mund noch verkrampfter als vorher.

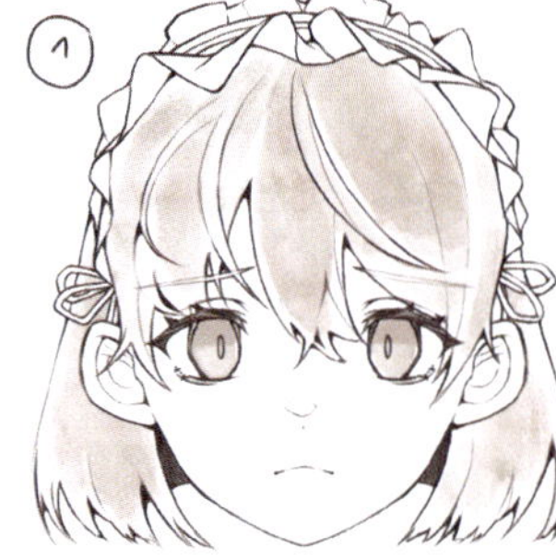

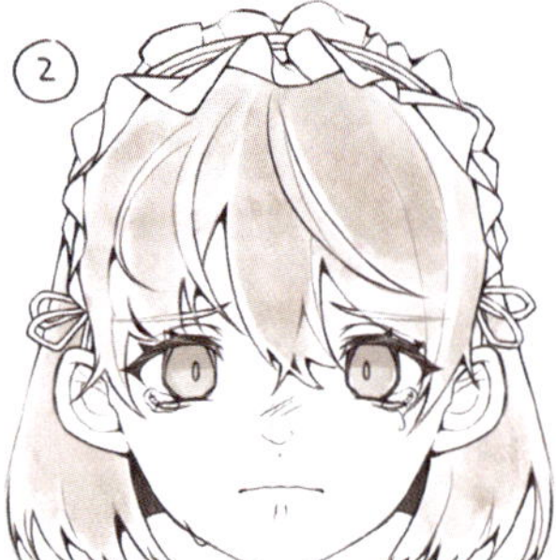

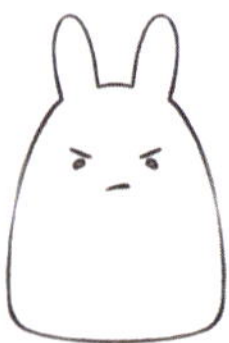

Wütend

1 Bei Wut kommen die Augenbrauen in der Mitte nach unten. Der Mund verzieht sich durch die Anspannung. **2** Wenn sich die Verärgerung verschärft, sieht man die knirschenden Zähne und das Gesicht rötet sich. Die strengen Augenbrauen neigen sich noch weiter zum oberen Wimpernkranz.

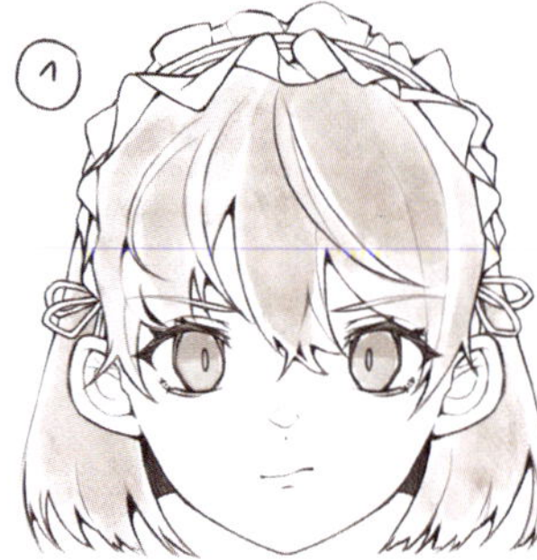

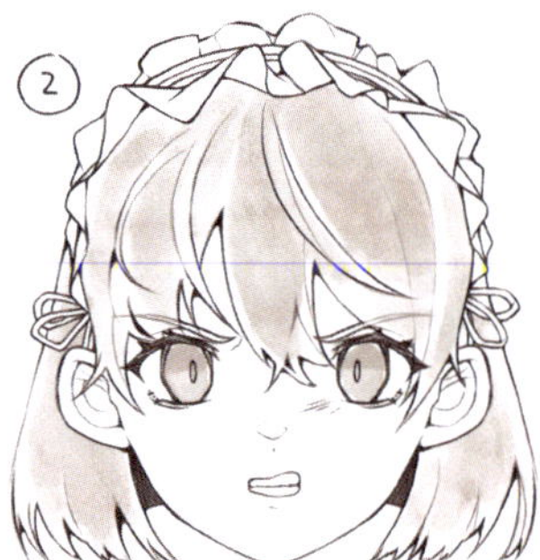

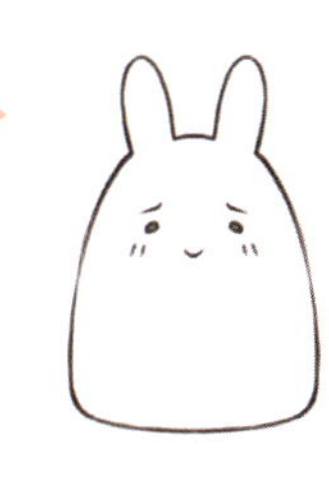

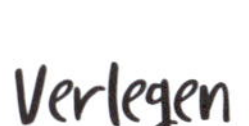

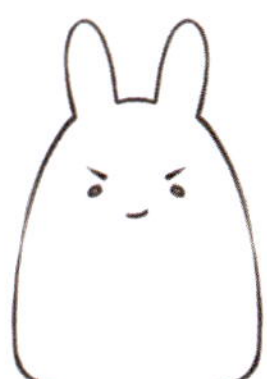

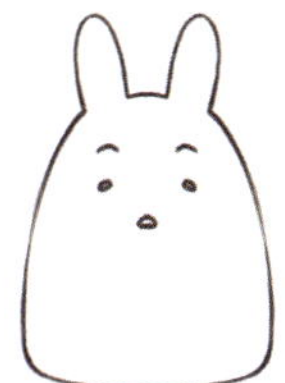

Zusammenfassend können wir festhalten, dass die verschiedenen Kombinationen der Regung der Augenbrauen, Bewegung des Mundes und auch Größe und Form der Augen unterschiedliche Gesichtsausdrücke kreieren können. Auch Gesichtsrötungen spielen eine gewisse Rolle. Links habe ich drei Beispiele erstellt, die dir aus Mangas bestimmt schon bekannt vorkommen.

UND JETZT DU!

Hier hast du Platz, um Emotionen zu erschaffen. Setze die Augenbrauen, die Nase und den Mund so ein, dass verschiedene Gesichtsausdrücke entstehen. Ein paar Vorlagen für das Gesicht sind auch schon bereit.

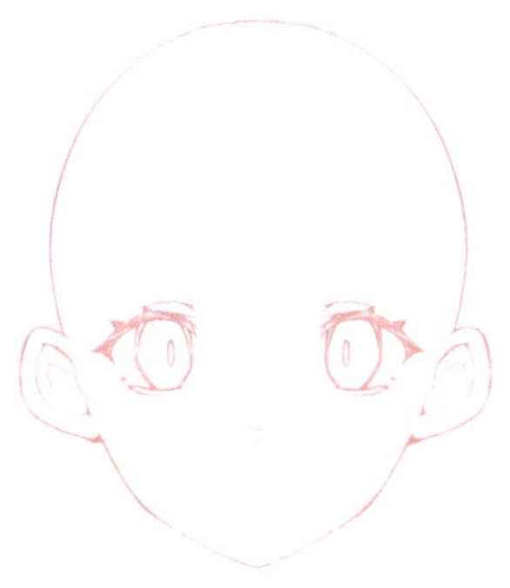

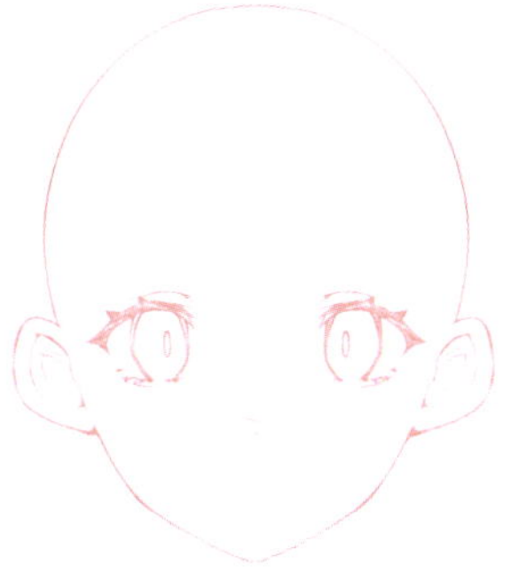

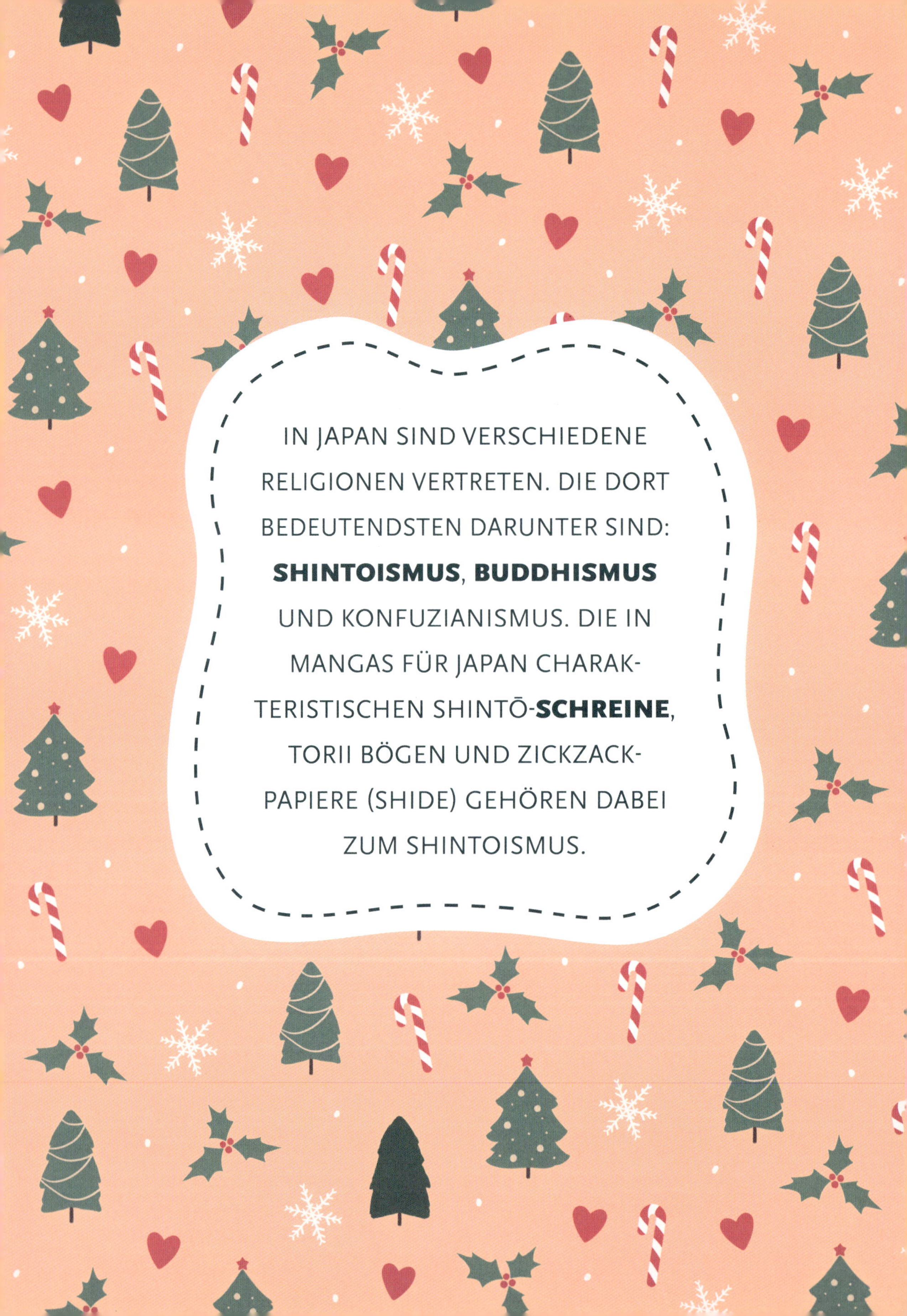
IN JAPAN SIND VERSCHIEDENE RELIGIONEN VERTRETEN. DIE DORT BEDEUTENDSTEN DARUNTER SIND: **SHINTOISMUS**, **BUDDHISMUS** UND KONFUZIANISMUS. DIE IN MANGAS FÜR JAPAN CHARAKTERISTISCHEN SHINTŌ-**SCHREINE**, TORII BÖGEN UND ZICKZACKPAPIERE (SHIDE) GEHÖREN DABEI ZUM SHINTOISMUS.

7

7. MERKMALE JUNG & ALT

Wenn du dich gefragt hast, wie genau man die Altersunterschiede beim Zeichnen von Manga-Charakteren darstellen kann – dann kommen hier einige Tipps und Unterscheidungsmerkmale zwischen Kindern, Teenagern, Erwachsenen und Senioren. Sobald man diese kennt, ist es eigentlich gar nicht so schwierig.

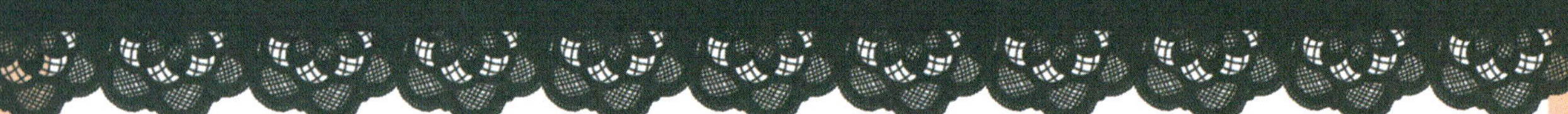

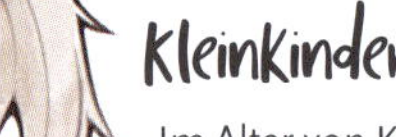

Kleinkinder

Im Alter von Kleinkindern ist die runde Gesichtsform besonders charakteristisch, die man dem sogenannten "Babyspeck" zuspricht. Die Augen sind sehr groß, da sie vergleichsweise schneller wachsen als andere Körperteile. Sie sind noch im unteren Drittel des Kopfes positioniert. Die Ohren sind im Vergleich zum restlichen Kopf recht groß, aber noch kleiner als im Teenageralter. Der Hals sieht hier noch sehr schmal aus.

Teenager

Bei Teenagern sind die Augen und Ohren relativ groß, weil sie in dem Alter schon ausgewachsen sind – im Gegensatz zu anderen Gesichtszügen, die noch weiter wachsen. Der Hals wird schon etwas dicker, die Wangen wiederum werden immer schmaler. Die Augen befinden sich nun bereits ziemlich genau in der Mitte des Kopfes zwischen dem Scheitel und dem Kinn.

Erwachsene

Nun werden die Augen vergleichsmäßig noch kleiner, was jedoch je nach dem individuellen Zeichenstil abweichen kann. Die Ohren sind proportional kleiner als bei Kindern. Das Gesicht wirkt insgesamt länger, weil der Kiefer größer geworden ist und der Mund weiter unten platziert ist. Der Hals ist noch breiter und die Sehnen dort werden sichtbar.

Senioren

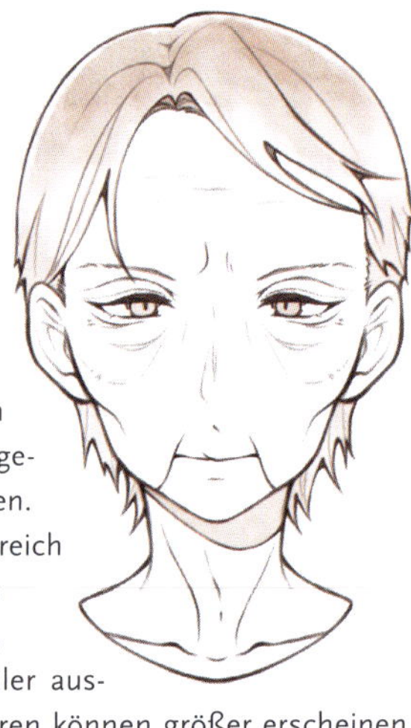

Mit dem Alter bilden sich Falten auf der Haut, die zum Beispiel auf der Stirn, um die Augen herum, beim Mund und am Hals eingezeichnet werden können. Erschlaffte Haut im Bereich des oberen Augenlids führt zu Schlupflidern, die die Augen schmaler aussehen lassen. Die Ohren können größer erscheinen, weil das Gewebe drumherum langsam erschlafft.

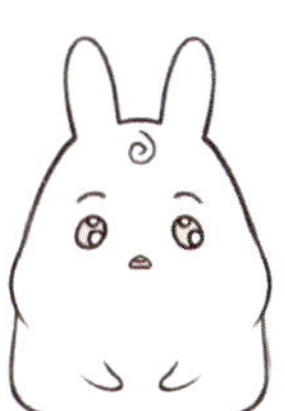

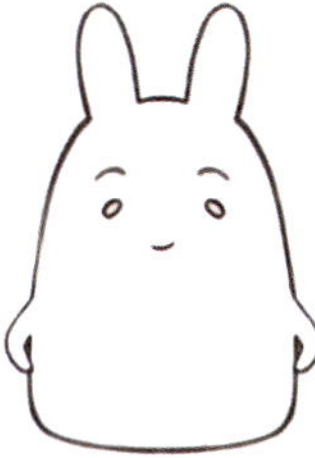

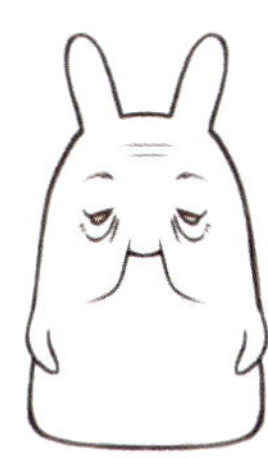

Insgesamt lässt sich zusammenfassen, dass sich die Proportionen aller Merkmale im Zusammenspiel verändern. Beim Altern werden die Augen verhältnismäßig kleiner; Falten kommen nach und nach hinzu; bei Senioren scheint der Körper außerdem meist kleiner, weil sich die Gewebedichte zwischen den Knochen verringert. Dies ist ein natürlicher Prozess beim Älterwerden.

PROBIER ES AUS!

Versuche nun selbst, Gesichter unterschiedlichen Alters zu zeichnen, indem du die Merkmale nochmal durchgehst und dann anwendest. Mit etwas Übung kriegst du den Dreh raus!

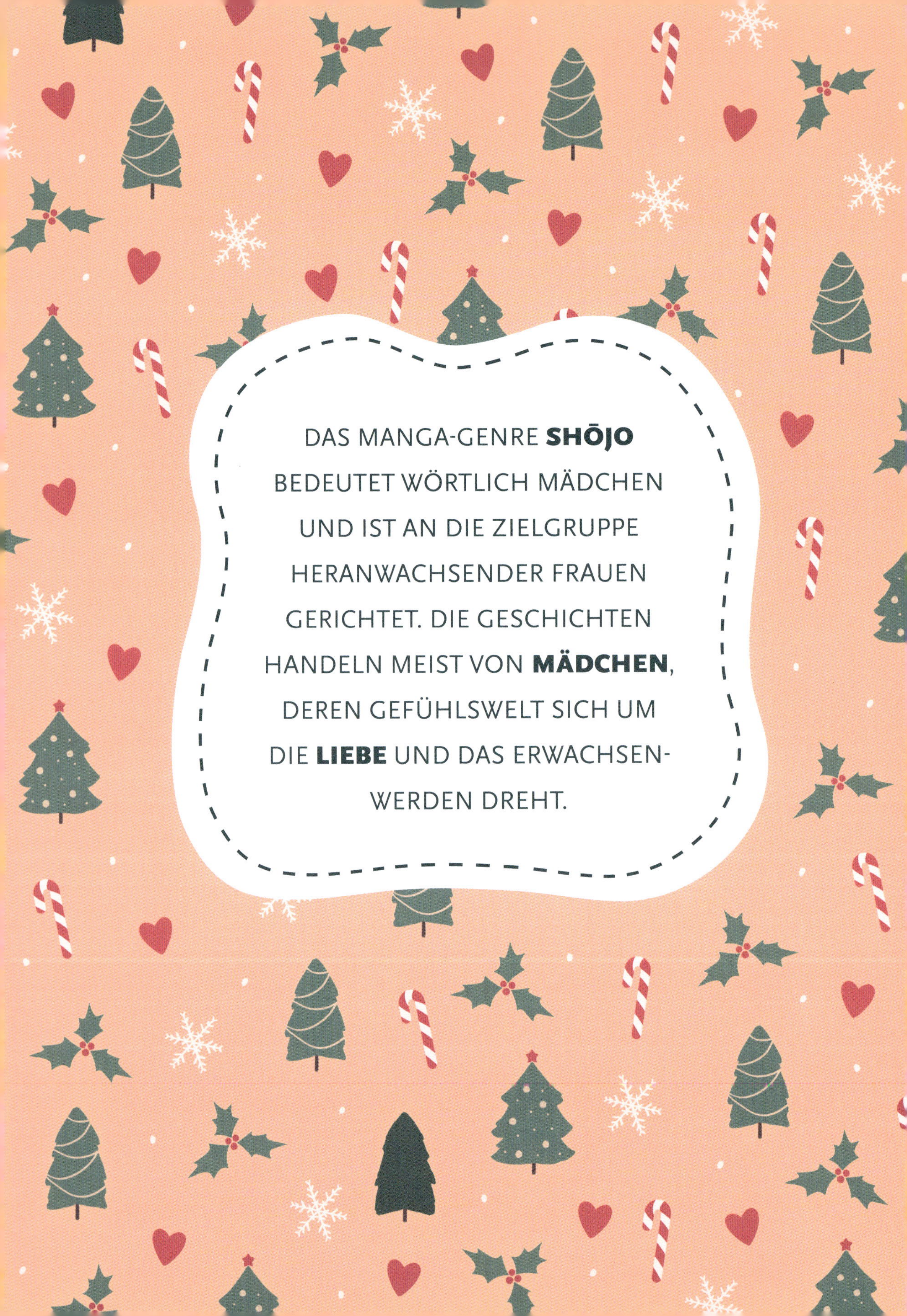
DAS MANGA-GENRE **SHŌJO**
BEDEUTET WÖRTLICH MÄDCHEN
UND IST AN DIE ZIELGRUPPE
HERANWACHSENDER FRAUEN
GERICHTET. DIE GESCHICHTEN
HANDELN MEIST VON **MÄDCHEN**,
DEREN GEFÜHLSWELT SICH UM
DIE **LIEBE** UND DAS ERWACHSEN-
WERDEN DREHT.

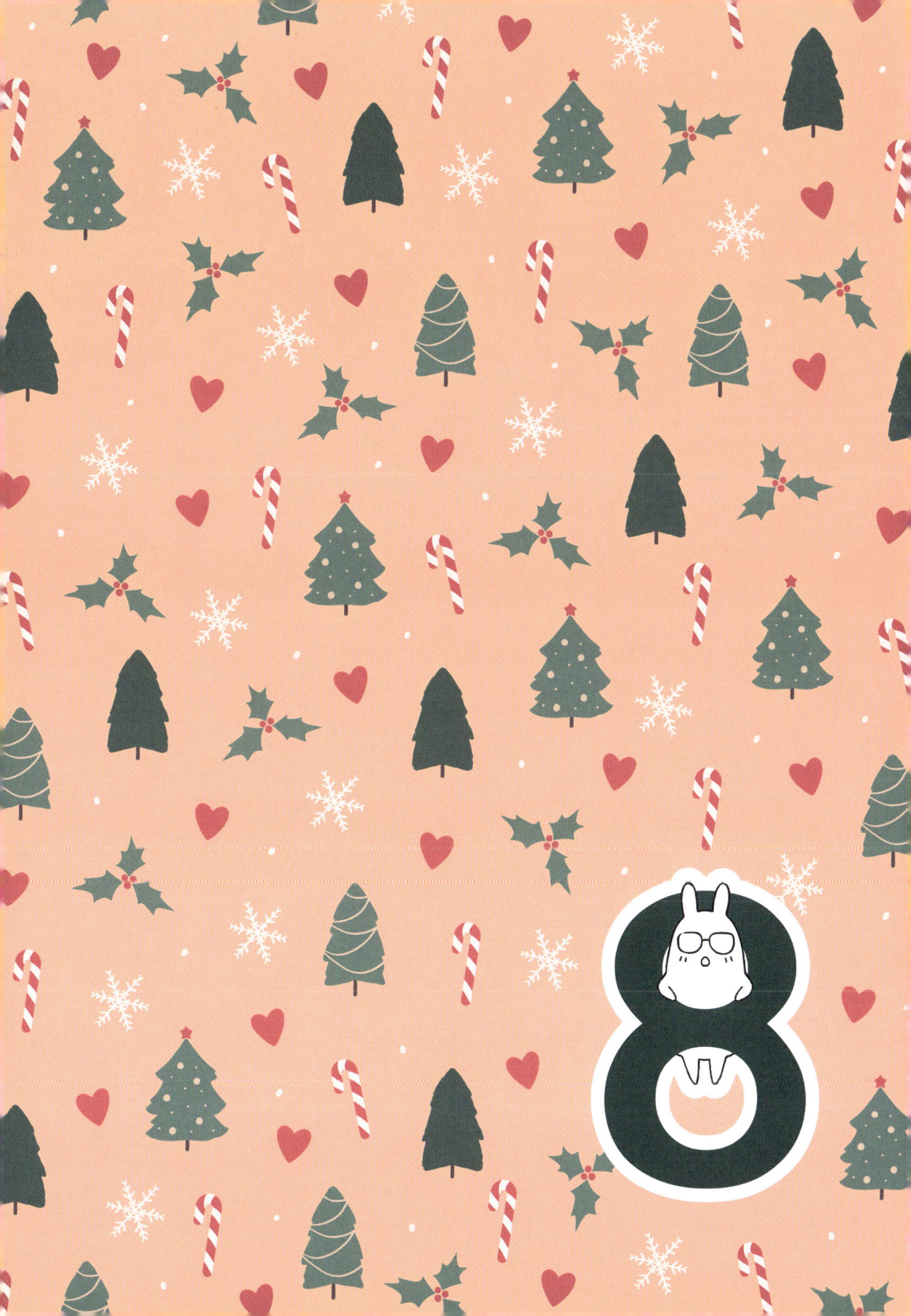
8

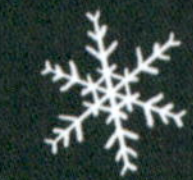

8. HAARE GESTALTEN

Unabhängig davon, welche Haarbeschaffenheit und Frisur du zeichnen möchtest, macht es Sinn, den Kopf der Figur erstmal in Abschnitte zu unterteilen, nach denen du vorgehen möchtest. Heute stelle ich dir eine klassische Herangehensweise vor, mit der du beim Gestalten von Haaren immer gut aufgestellt bist.

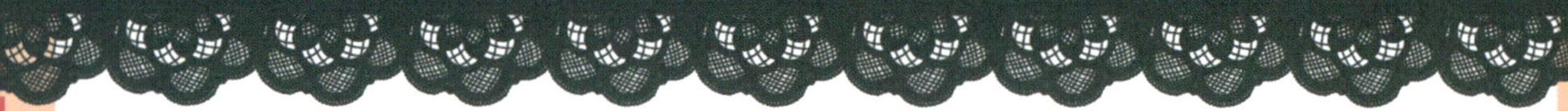

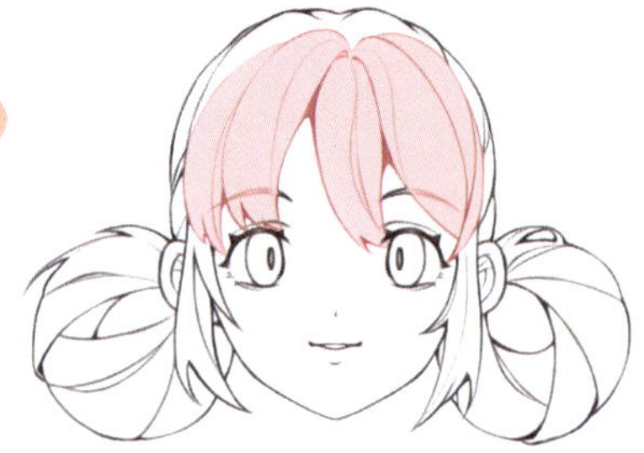

Da die Haare über der Stirn die anderen Haare um den Kopf herum perspektivisch teilweise überdecken, bietet es sich an, diese im ersten Schritt zu zeichnen. Das umfasst alle Haare, die sich über den Augen befinden und nach vorne fallen.

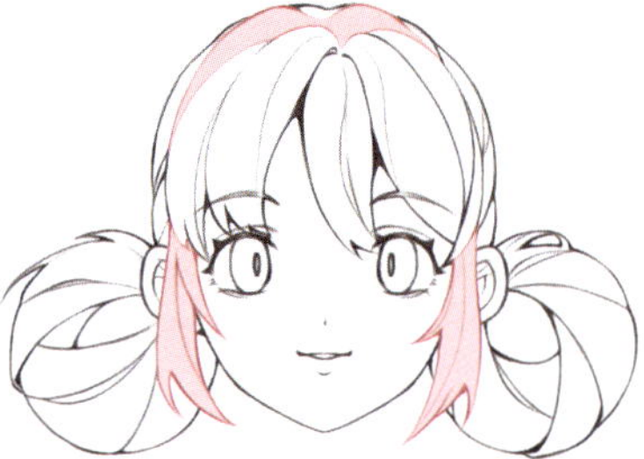

Weiter Richtung Scheitel sieht man die Haare, die dann an den Seiten hervorkommen. Dadurch, dass man die Wölbung des Kopfes beim Zeichnen mit einbezieht und versteht, dass einige Haarpartien sich in der Ansicht überlappen, erzeugt man Dreidimensionalität.

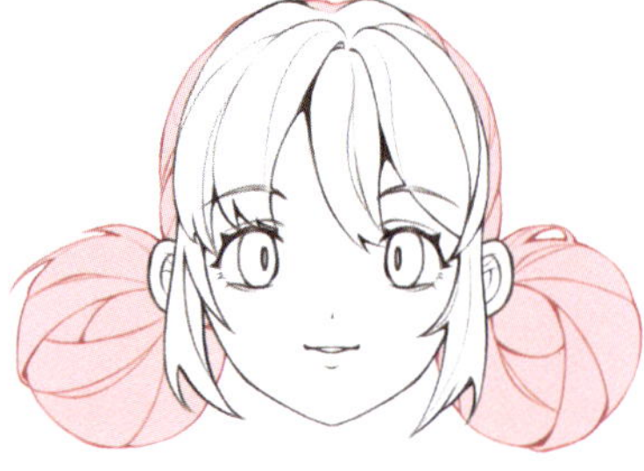

Da der Kopf sich nach hinten abrundet, sieht man die Haare am Hinterkopf in der Frontalansicht kaum: nur einen schmalen Ring um den Kopf herum. Wenn die Haare jedoch länger sind, kann man sie hinter dem Kopf hervorkommen lassen.

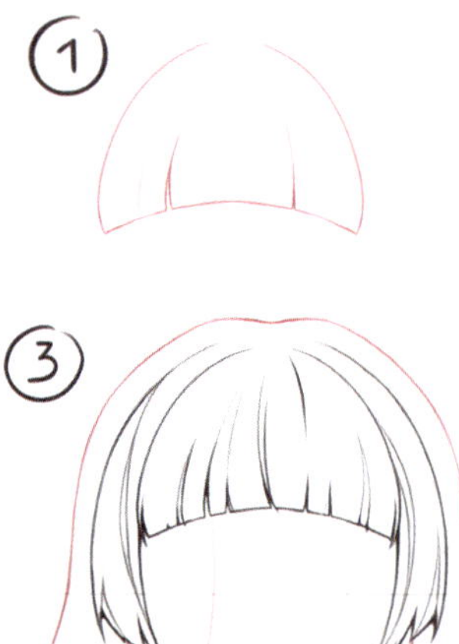

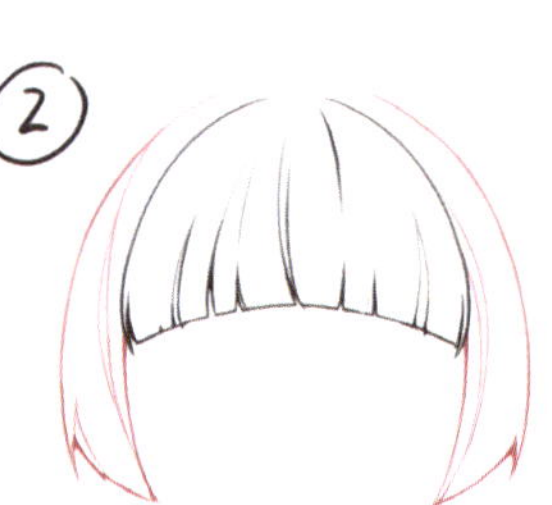

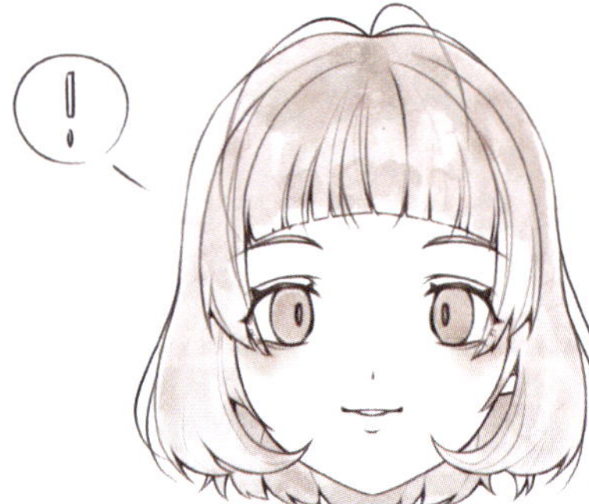

1 Im ersten Schritt zeichne ich einen Pony – normalerweise skizziere ich zuvor das Gesicht, bei diesem Beispiel aber habe ich es erst zum Schluss hinzugefügt, damit man die Frisur besser erkennt. Der Pony kann gerade oder gezackt sein, Lücken in den Strähnen haben oder ganz geschlossen sein. Bei Frisuren ohne Pony zeichne ich nur den Haaransatz. **2** Die Haare, die das Gesicht umrahmen, können beliebig kurz oder lang sein. **3** Dann kommen noch die hinten liegenden Haare dazu. Fertig ist die Gestaltung der Frisur!

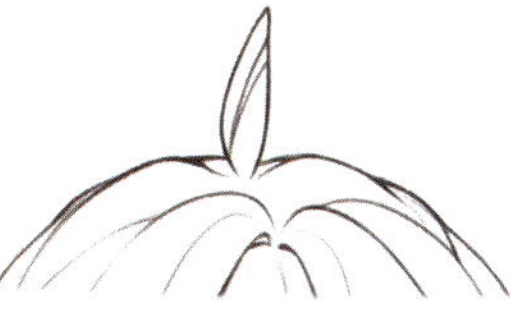
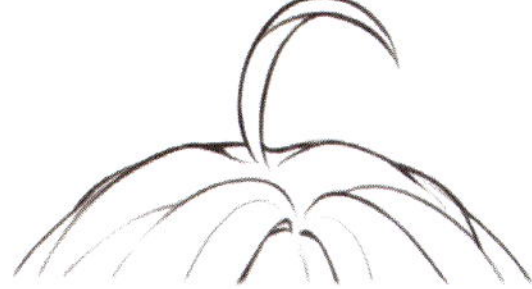
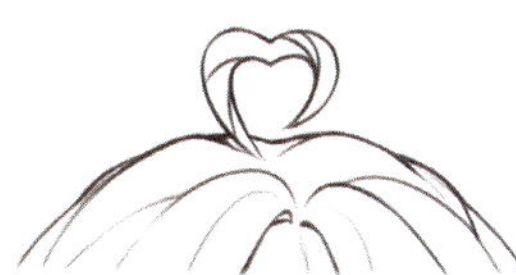

Ahoge Die sogenannte Ahoge ist ein im Manga charakteristisches Element bei Frisuren. Der Begriff beschreibt eine meist vom Scheitel des Kopfs abstehende Haarsträhne, welche verschieden dick oder lang sein kann. Außerdem kann sie jede mögliche Form haben und etwas über die Persönlichkeit einer Figur aussagen – wie zum Beispiel verspielt, verpeilt oder liebevoll.

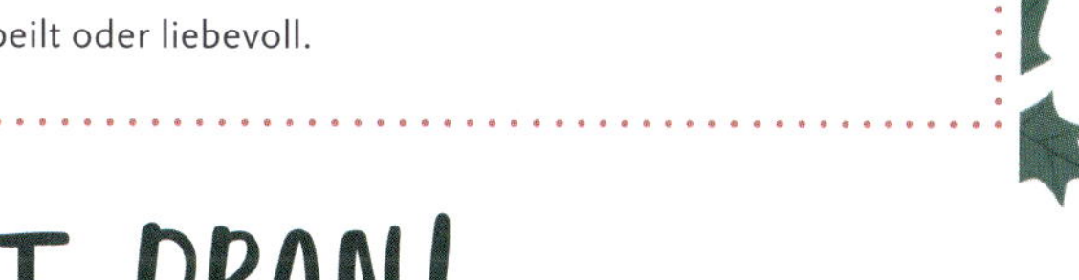

DU BIST DRAN!

Sei kreativ beim Zusammenstellen von verschiedenen Style-Elementen und hab Spaß beim Gestalten deiner eigenen Frisuren! Orientiere dich dabei an den drei Komponenten, mit denen du die Haare dimensional ausarbeiten kannst.

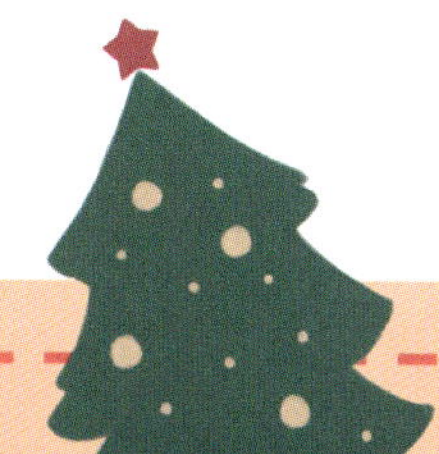

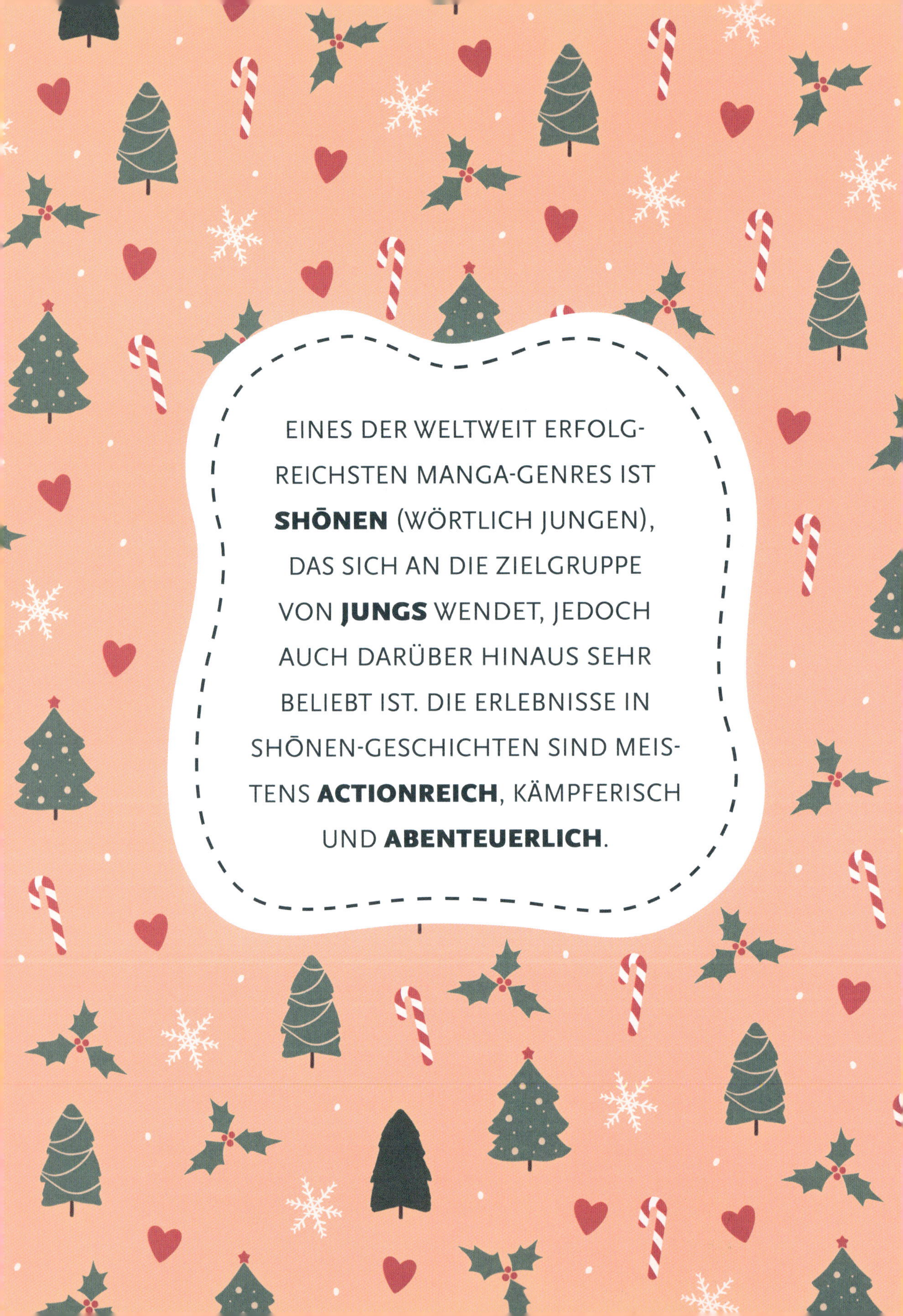
EINES DER WELTWEIT ERFOLG-
REICHSTEN MANGA-GENRES IST
SHŌNEN (WÖRTLICH JUNGEN),
DAS SICH AN DIE ZIELGRUPPE
VON **JUNGS** WENDET, JEDOCH
AUCH DARÜBER HINAUS SEHR
BELIEBT IST. DIE ERLEBNISSE IN
SHŌNEN-GESCHICHTEN SIND MEIS-
TENS **ACTIONREICH**, KÄMPFERISCH
UND **ABENTEUERLICH**.

9

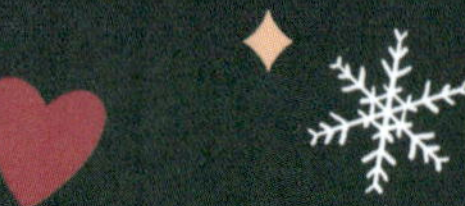

9. CHIBI MERKMALE

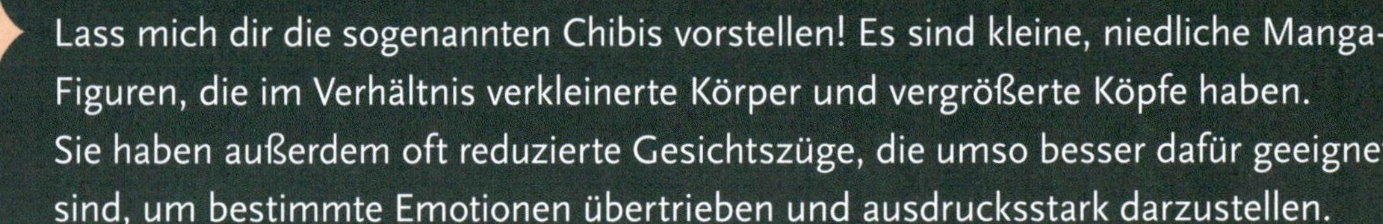

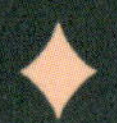

Lass mich dir die sogenannten Chibis vorstellen! Es sind kleine, niedliche Manga-Figuren, die im Verhältnis verkleinerte Körper und vergrößerte Köpfe haben. Sie haben außerdem oft reduzierte Gesichtszüge, die umso besser dafür geeignet sind, um bestimmte Emotionen übertrieben und ausdrucksstark darzustellen.

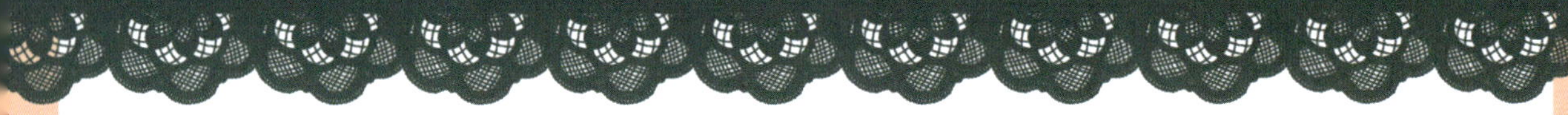

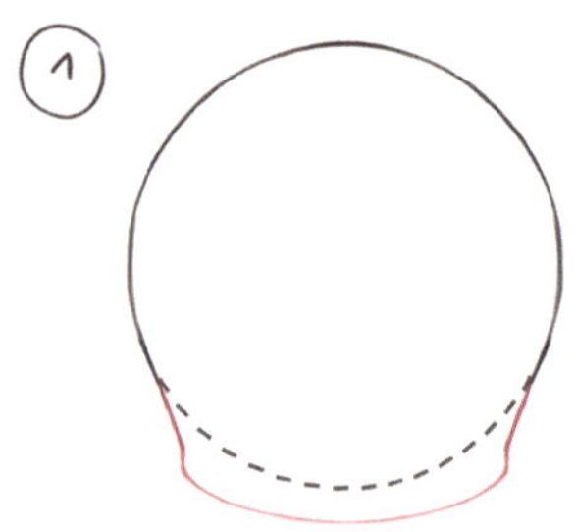

Um einen Chibi Kopf zu erschaffen, zeichne erstmal einen Kreis – wahlweise mit einem Zirkel oder ansonsten einfach frei Hand. Der Kiefer kommt lediglich als kleiner Zusatz im unteren Bereich dazu.

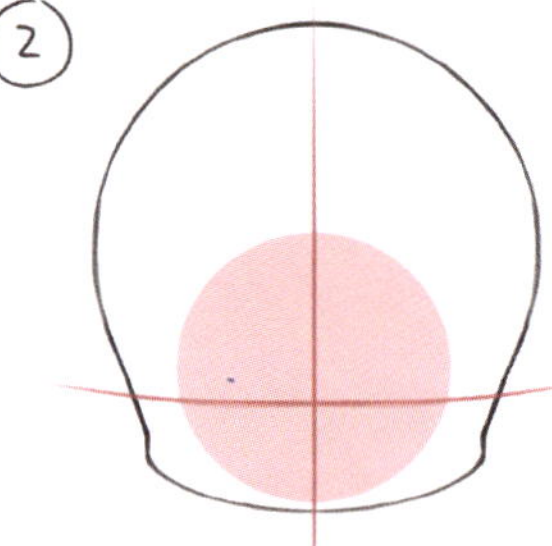

Den Bereich für das Gesicht habe ich durch einen Kreis markiert, der sich im unteren Drittel des Kopfes befindet. Für die Position der Gesichtselemente kannst du mit Hilfslinien noch ein Kreuz einzeichnen.

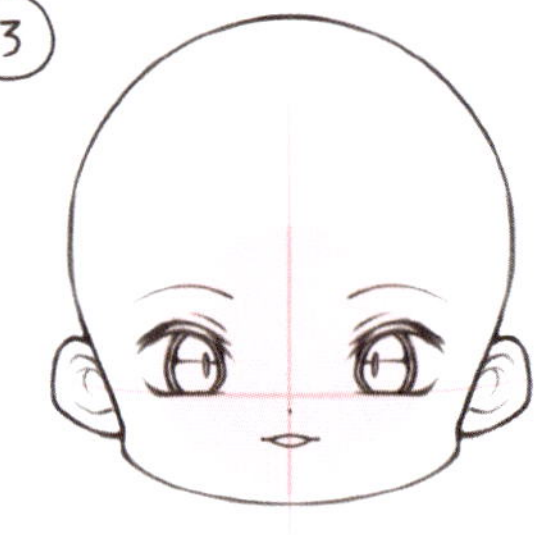

Nun kannst du die Elemente des Gesichts einzeichnen. Die Augen befinden sich über dem Kreuz und der Mund knapp darunter. Die Ohren zeichnest du genau entlang der Hilfslinie der Gesichtsmitte.

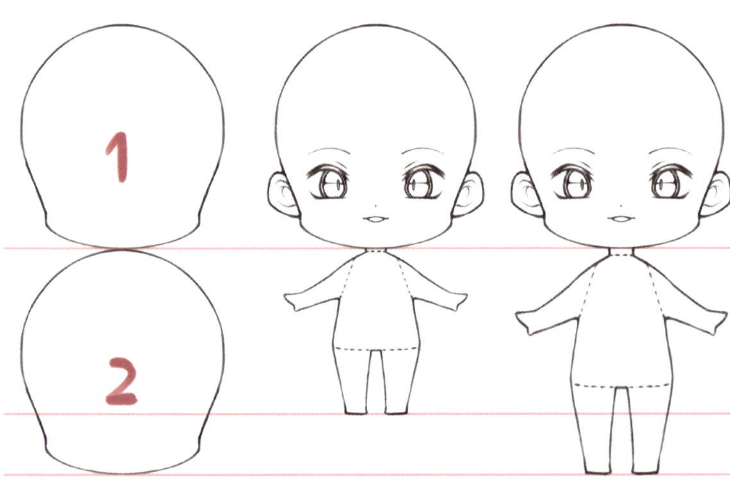

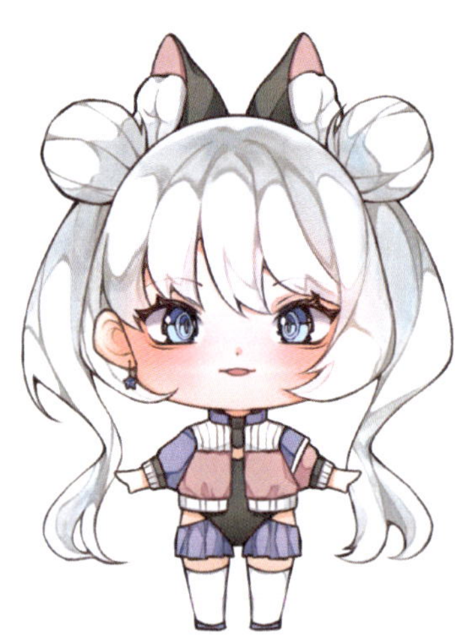

Hier sind zwei Beispiele der Körpergröße von Chibis. Je kleiner der Körper, desto niedlicher wirkt er. Als Beispiel ist der Körper so lang wie der Kopf oder sogar noch kürzer als der Kopf. Des Weiteren sind die Körperteile runder und damit vereinfacht dargestellt: die Füße und Hände kannst du ganz leicht andeuten, mehr brauchst du nicht.

Vereinfachte Mimik

Die Gesichtsausdrücke von Chibis unterscheiden sich in der Darstellung nochmal deutlich von denen der üblichen Manga-Figuren. Diese ähneln nämlich schon eher denen von Emoji-Gesichtern, die du in deinem Handychat wiederfindest. Die folgenden Ausdrücke gehören auch zur sogenannten Bildsprache von Mangas.

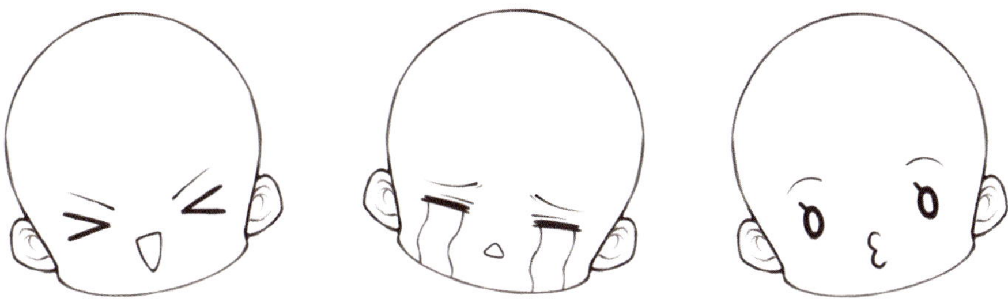

JETZT DU!

Auch im Internet findest du viele Inspirationen für "Chibi Emotionen" – lass dich durch eine kleine Recherche noch mehr inspirieren und teste deine Ideen auf diesem Blatt.

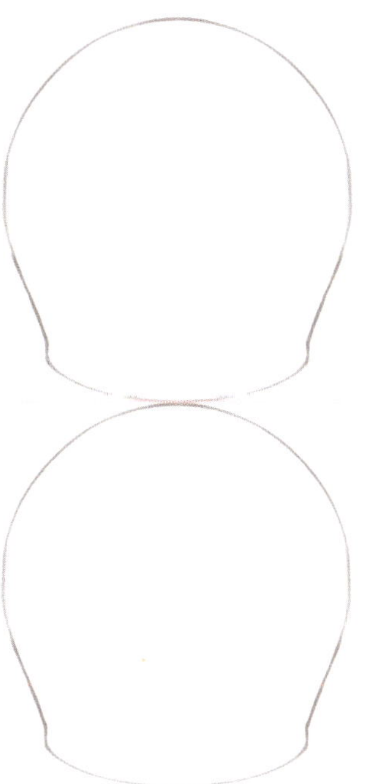

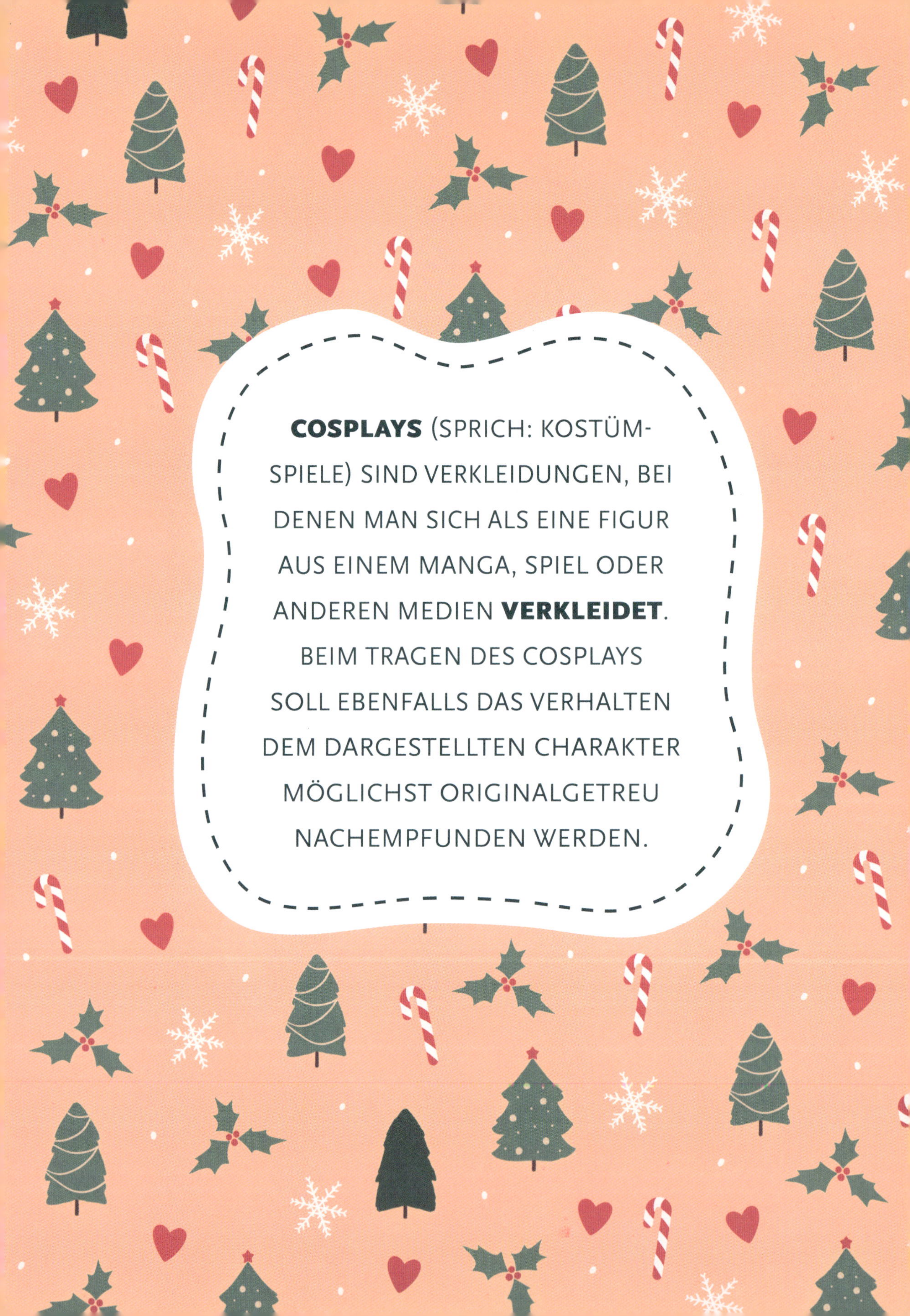

COSPLAYS (SPRICH: KOSTÜM-SPIELE) SIND VERKLEIDUNGEN, BEI DENEN MAN SICH ALS EINE FIGUR AUS EINEM MANGA, SPIEL ODER ANDEREN MEDIEN **VERKLEIDET**. BEIM TRAGEN DES COSPLAYS SOLL EBENFALLS DAS VERHALTEN DEM DARGESTELLTEN CHARAKTER MÖGLICHST ORIGINALGETREU NACHEMPFUNDEN WERDEN.

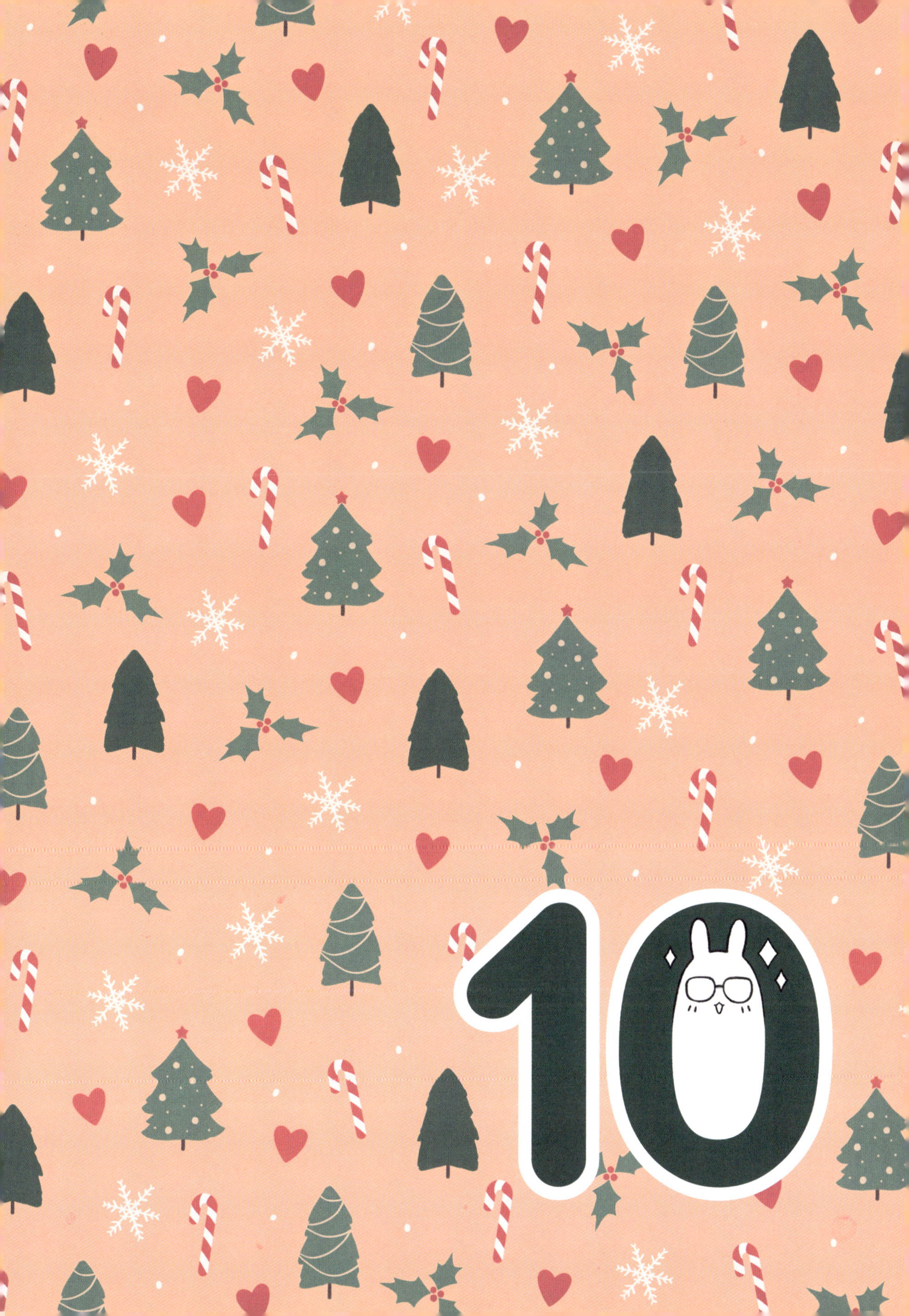
10

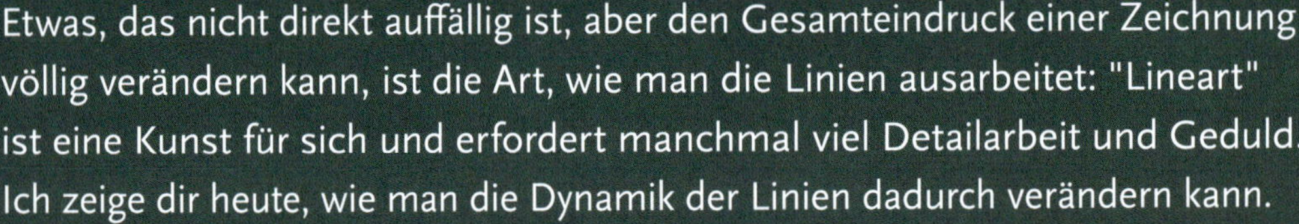

10. DYNAMISCHE LINIEN

Etwas, das nicht direkt auffällig ist, aber den Gesamteindruck einer Zeichnung völlig verändern kann, ist die Art, wie man die Linien ausarbeitet: "Lineart" ist eine Kunst für sich und erfordert manchmal viel Detailarbeit und Geduld. Ich zeige dir heute, wie man die Dynamik der Linien dadurch verändern kann.

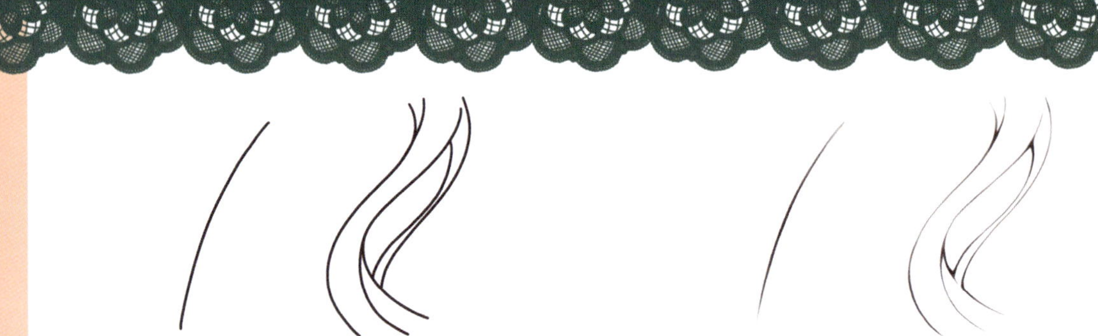

"flache" Linien Beim Zeichnen gibt es in vielerlei Hinsicht kein Richtig oder Falsch. Welche Art von Linie du ziehst, ist ganz dir überlassen. Generell bekommst du durch Stifte mit unbeweglichen und dickeren Spitzen flache Linien. Der Effekt ist dabei eher zweidimensional, plakativ und kräftig. Auch von weitem sind die gezeichneten Elemente klar und deutlich zu erkennen.

"tiefe" Linien Um einen dreidimensionalen Effekt zu erzeugen, der dynamisch ist und das Motiv tiefer erscheinen lässt, kannst du die Linien verschieden dick zeichnen. Dort, wo Linien aufeinandertreffen, kannst du nochmal nachziehen. Außerdem lässt sich mit Stiften, die eine bewegliche Spitze haben, durch unterschiedlich starkes Aufdrücken dicker und dünner werdende Linien ziehen.

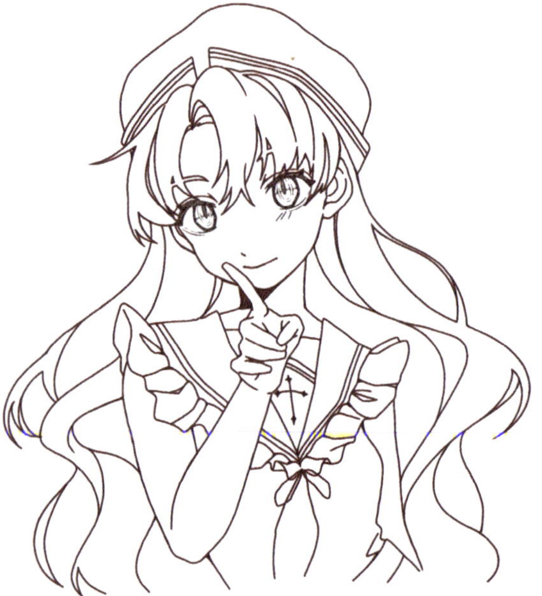

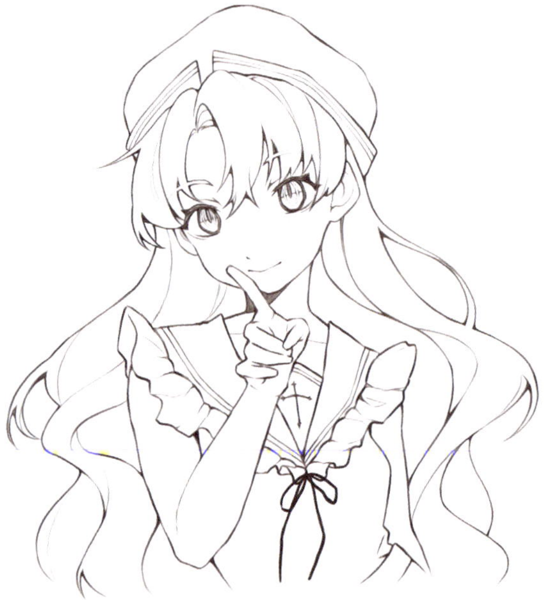

UND JETZT DU!

Zeichne hier die Linien nach und probiere dabei aus, welcher Linien-Stil dir gut gefällt. Du musst dich allerdings nicht festlegen, sondern kannst auch in Zukunft mal die eine oder andere Methode anwenden.

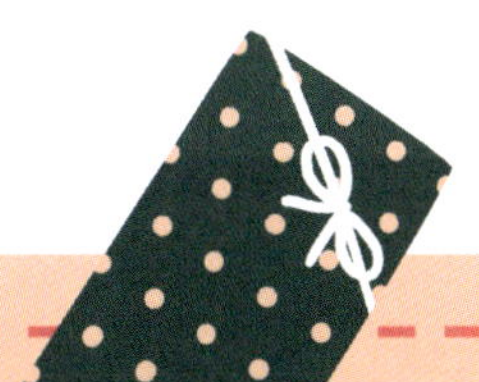

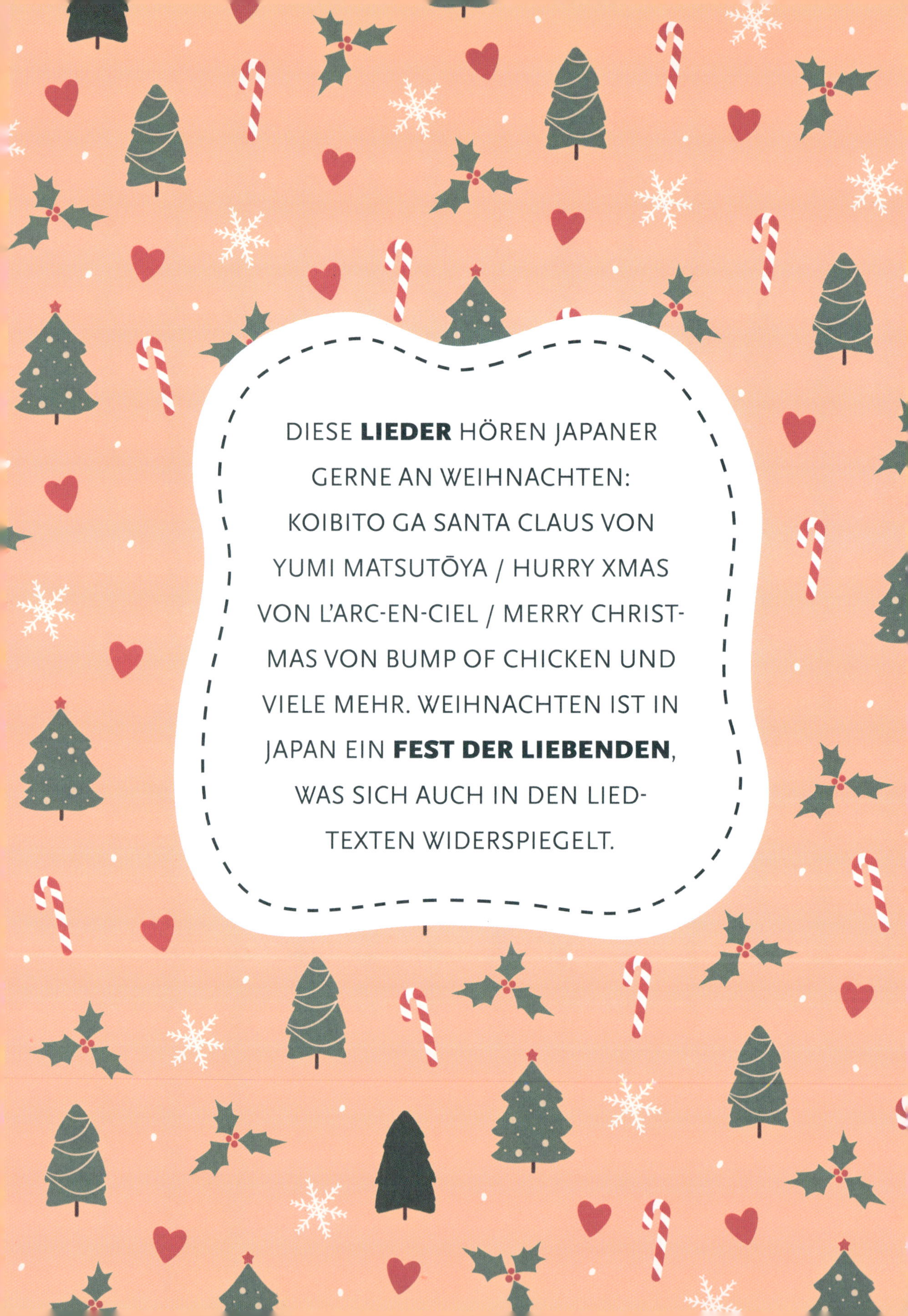

DIESE **LIEDER** HÖREN JAPANER GERNE AN WEIHNACHTEN: KOIBITO GA SANTA CLAUS VON YUMI MATSUTŌYA / HURRY XMAS VON L'ARC-EN-CIEL / MERRY CHRISTMAS VON BUMP OF CHICKEN UND VIELE MEHR. WEIHNACHTEN IST IN JAPAN EIN **FEST DER LIEBENDEN**, WAS SICH AUCH IN DEN LIEDTEXTEN WIDERSPIEGELT.

11

11. SWEET CHRISTMAS

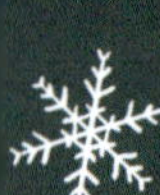

Wenn du dir ein Weihnachtsmotiv überlegst, bringen leckere Küchlein oder Kekse das gewisse Etwas in deine Zeichnung. Die räumliche Darstellung ist dabei eine gute Übung, um Formen und Dimensionen so realistisch wie möglich abzubilden. Ich helfe dir dabei, die Perspektiven besser zu verstehen.

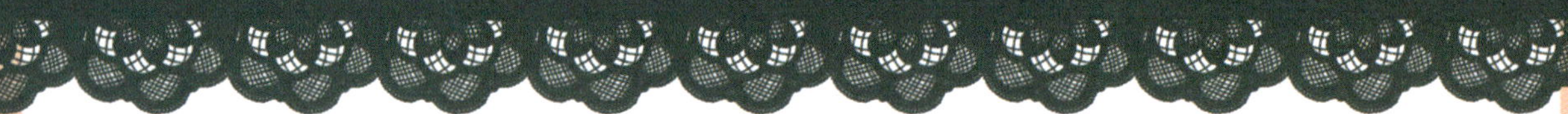

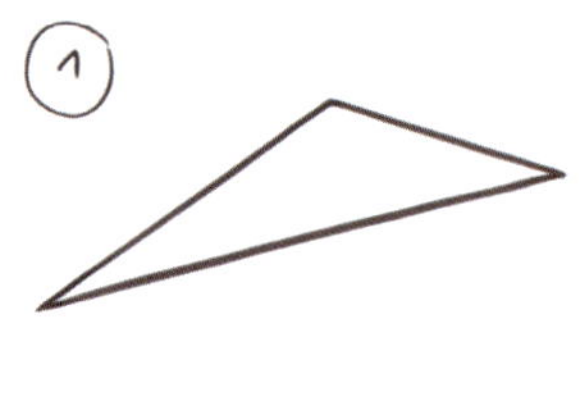

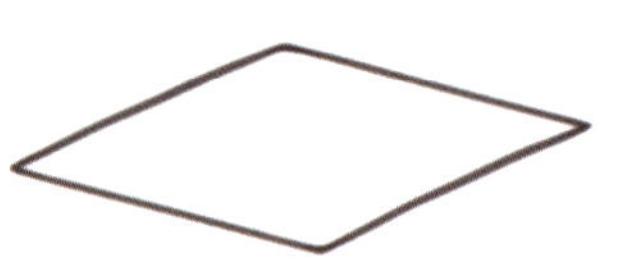

Egal ob du einen Kuchen oder einen Keks zeichnen möchtest – denk dir zuerst eine Grundform aus. Diese kannst du als flache Fläche schonmal vorskizzieren. Kuchenstücke sind meistens dreieckig.

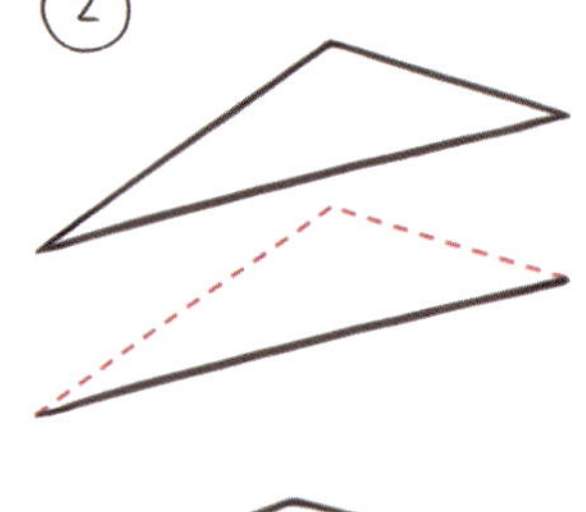

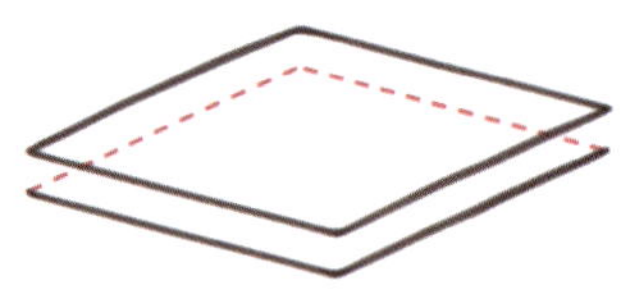

Dann zeichnest du parallel darunter die gleiche Form für den Boden ein. Je nachdem, wie dick es sein soll, wird der Abstand größer. Die Kanten, die optisch nicht zu sehen sein werden, verschwinden im Hintergrund.

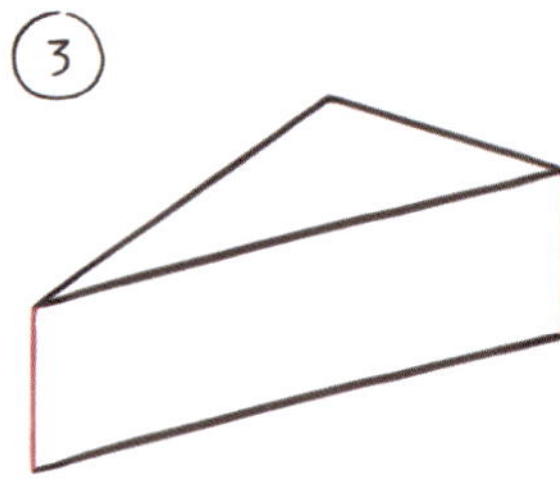

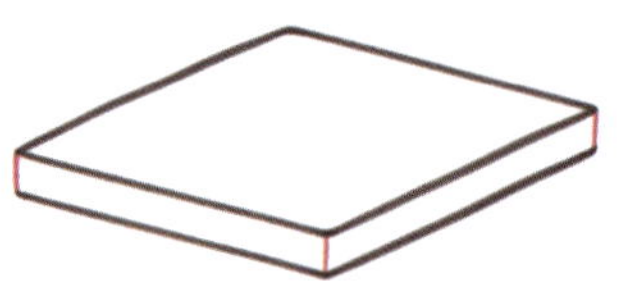

Die zwei parallelen Flächen verbindest du an den Kanten mit senkrechten Linien. Dadurch entsteht dann bereits direkt eine dreidimensionale Form. Nun ist die Basis deines Gebäcks schon fertig!

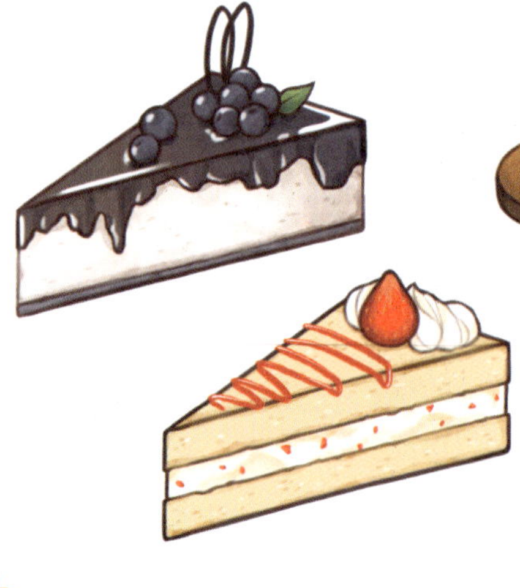

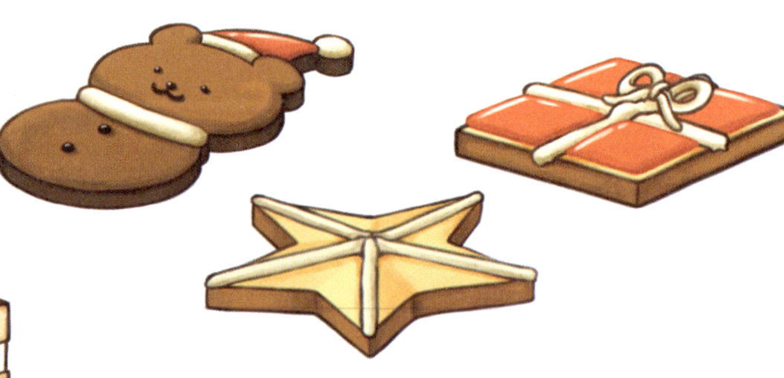

Durch die Farben, Glanz und Schatten kannst du das Gebäck dann zum Leben erwecken. Die weihnachtliche Stimmung kommt besonders gut zur Geltung, wenn du die Farben rot und weiß miteinander kombinierst.

Japanische Süßigkeiten

Wenn du keine Lust auf Details und komplizierte Formen hast, dann kannst du sogar einfach einen Kreis zeichnen und nach Belieben weihnachtlich/winterlich dekorieren. Hier siehst du typische japanische Süßigkeiten, die aus Klebereisteig und einer süßen Füllung bestehen – Mochi und Daifuku!

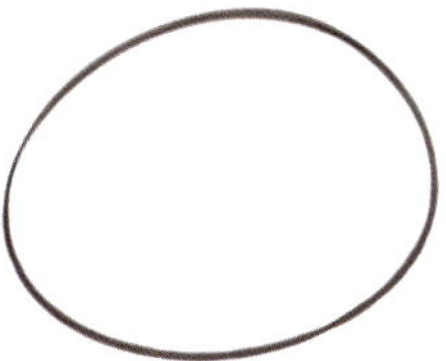

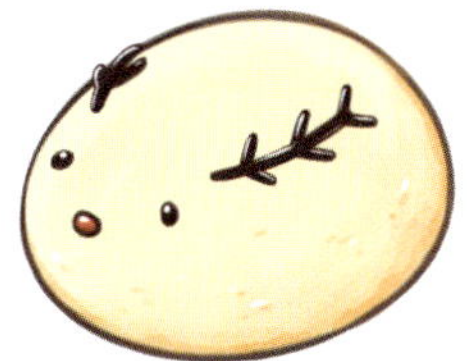

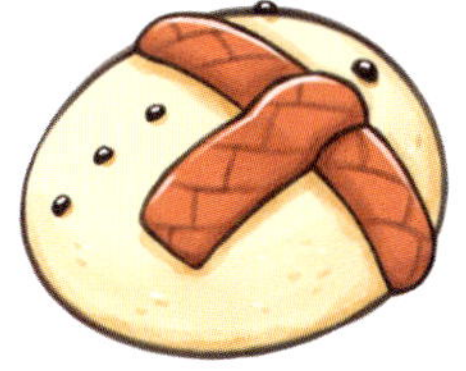

PROBIER ES AUS!

Abgesehen von den Formen, die wir auf der linken Seite gemeinsam geübt haben, kannst du die Kuchen und Kekse auch in anderen Variationen zeichnen – zum Beispiel als Herz oder Schneemann!

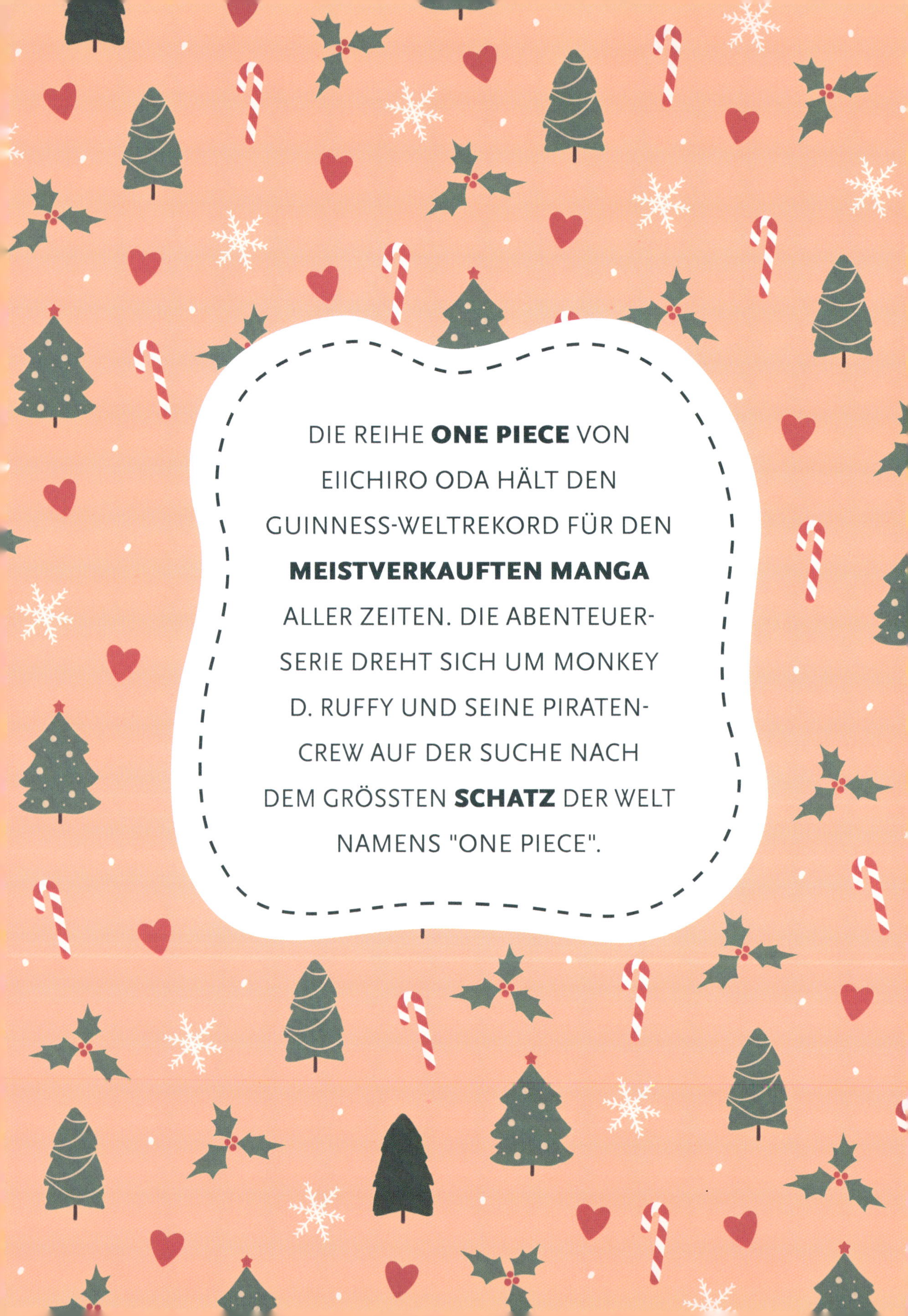

DIE REIHE **ONE PIECE** VON EIICHIRO ODA HÄLT DEN GUINNESS-WELTREKORD FÜR DEN **MEISTVERKAUFTEN MANGA** ALLER ZEITEN. DIE ABENTEUER-SERIE DREHT SICH UM MONKEY D. RUFFY UND SEINE PIRATEN-CREW AUF DER SUCHE NACH DEM GRÖSSTEN **SCHATZ** DER WELT NAMENS "ONE PIECE".

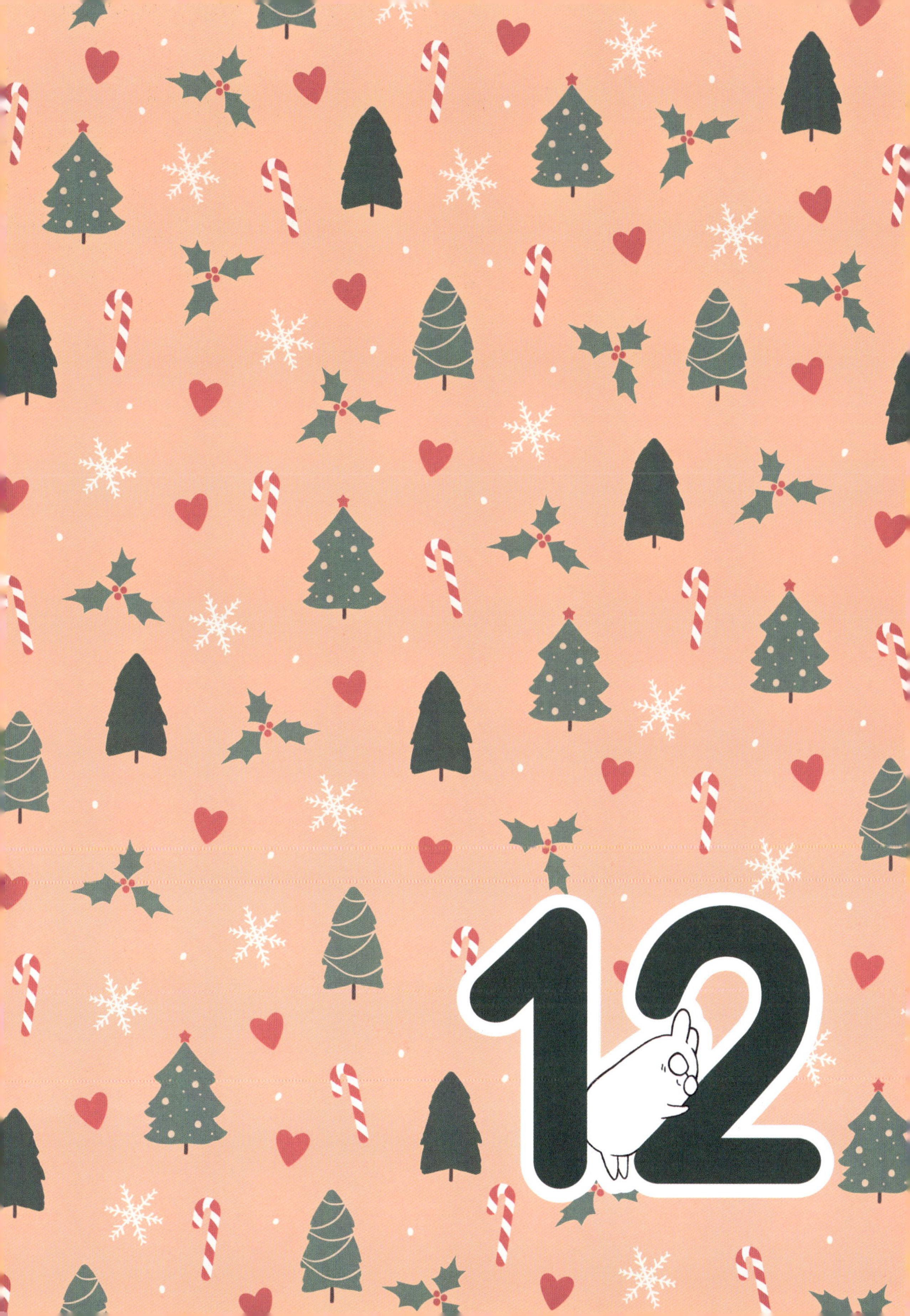

12

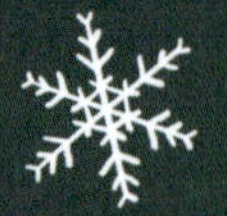

12. SCHRAFFUREN

Durch das Anwenden von Schraffuren bzw. Texturen kannst du deiner Zeichnung eine besondere Atmosphäre verleihen. Das Motiv wirkt dadurch traditionell handgezeichnet – diese Technik wird in Mangas oft verwendet. Da die vorgestellten Muster größtenteils neutral sind, können sie auch vielseitig angewendet werden.

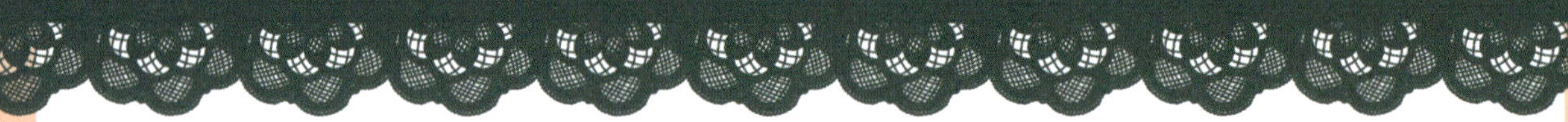

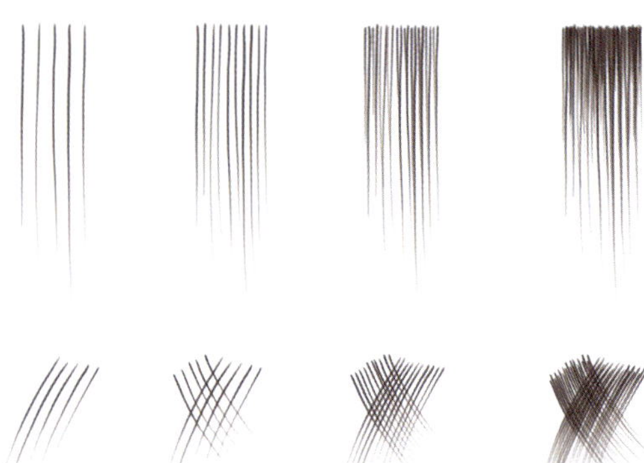

LINIEN-SCHRAFFUR Das ist die wohl üblichste Art, um einen Schatten durch Schraffuren darzustellen. Je mehr Linien du hinzufügst und je näher die einzelnen Linien aneinander stehen, desto dichter und somit dunkler wird die Fläche. Achte darauf, dass die Linien immer einigermaßen parallel angeordnet sind.

KREUZ-SCHRAFFUR Beim Überkreuzen der Linien ist darauf zu achten, dass du die Linien auf der gleichen Höhe ansetzt und beim Runterziehen den Druck verringerst. Dadurch kommt die Gewichtung der Linien für einen gleichmäßigen Übergang gut zur Geltung. Auch hier bedeuten mehr Linien = mehr Dunkelheit.

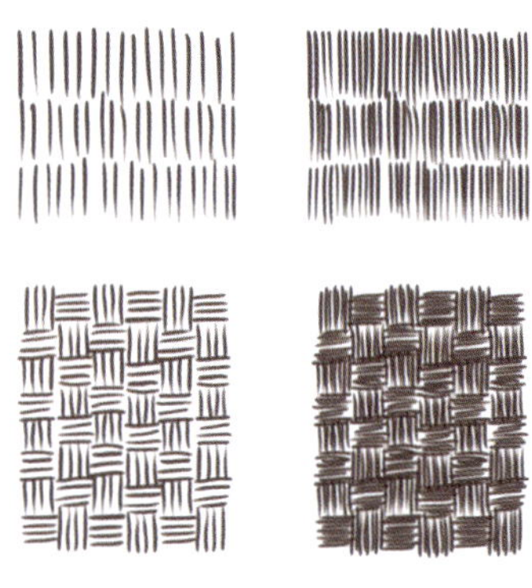

GEMENGE Die gleiche Art einer Struktur kann durch Wiederholungen in verschiedenen Schichten zusammengestellt werden. Es gibt viele unterschiedliche Methoden, wie man nicht nur aus Linien, sondern auch aus Kritzeleien und sogar abstrakten Formen eine Gemenge-Schraffur erschaffen kann. Das Überlappen von Schraffuren kreiert auch hier Schatten.

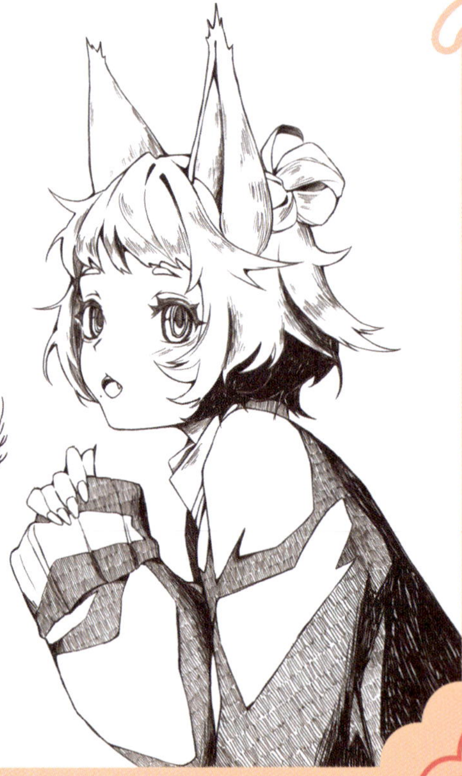

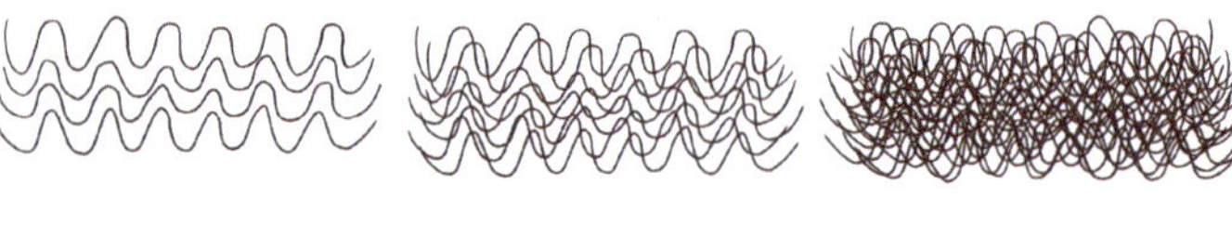

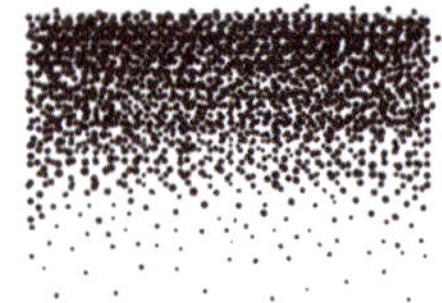

PUNKTE Das Übereinanderlegen einer Punkte-Schraffur ist sehr gut geeignet, um Licht und Schatten auf einer sich wölbenden oder runden Oberfläche darzustellen. Das Setzen der Punkte ist viel Arbeit, aber wenn du systematisch Schicht für Schicht vorgehst, gelingt es dir bestimmt gut.

DU BIST DRAN!

Auf dieser Seite habe ich für dich eine Zeichnung von meinem Charakter vorbereitet, die du selbst mit unterschiedlichen Schraffuren füllen kannst. Setze die Schraffuren vor allem auf die Schatten in der Kleidung und auf den Haaren.

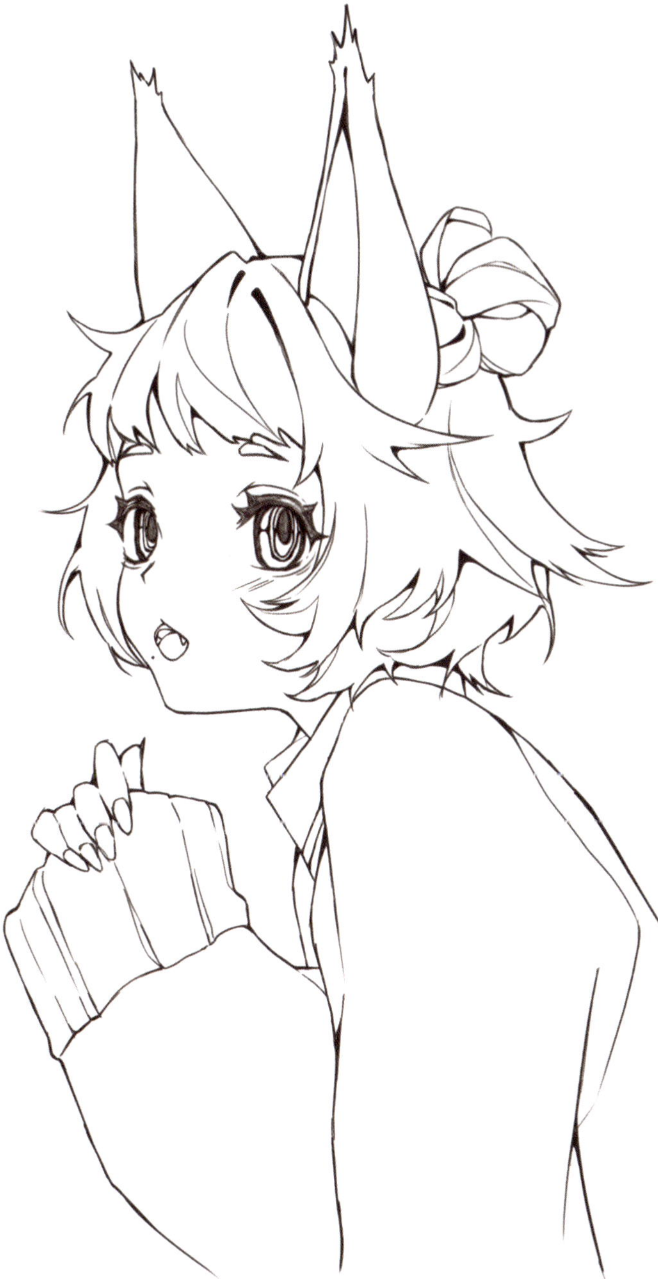

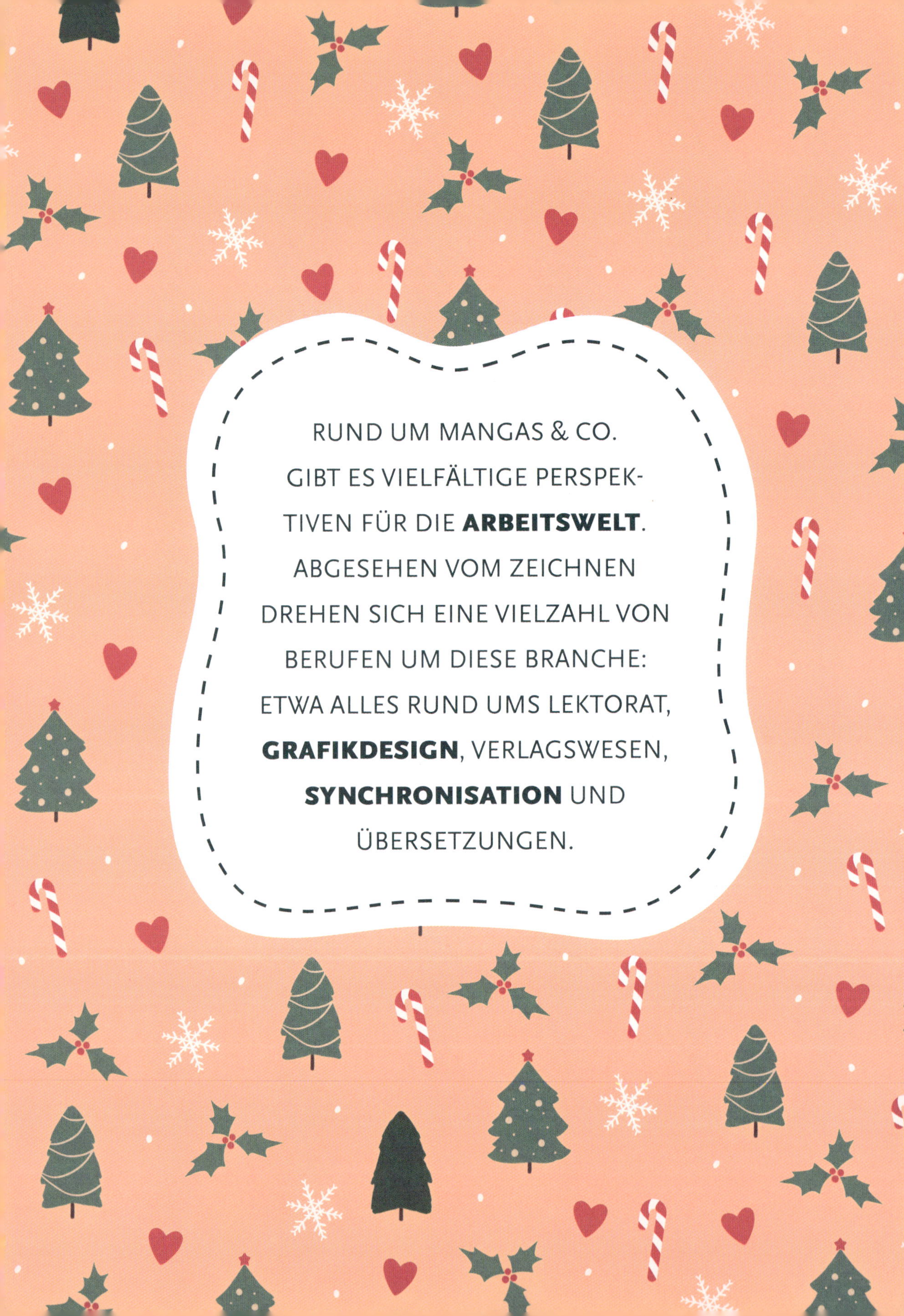

RUND UM MANGAS & CO.
GIBT ES VIELFÄLTIGE PERSPEKTIVEN FÜR DIE **ARBEITSWELT**.
ABGESEHEN VOM ZEICHNEN
DREHEN SICH EINE VIELZAHL VON
BERUFEN UM DIESE BRANCHE:
ETWA ALLES RUND UMS LEKTORAT,
GRAFIKDESIGN, VERLAGSWESEN,
SYNCHRONISATION UND
ÜBERSETZUNGEN.

13

13. FALTEN IN TEXTILIEN

Kleidung zu zeichnen ist eines der schwierigsten Dinge, weil es so komplex ist. Anhand von Beispielen zeige ich dir heute, welche Falten häufig auftauchen und in welcher Position sich Schattenformen befinden. Diese Technik kannst du auch auf andere ähnliche Kleidungsstücke anwenden, um sie dimensionaler zu machen.

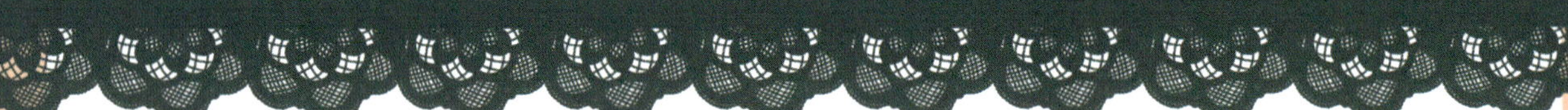

Falten und Schatten können abhängig von der Beschaffenheit eines Stoffs und vom Schnitt des Kleidungsstücks sehr unterschiedlich ausfallen. Außerdem ist es wesentlich, wie eng das Kleidungsstück am Körper der Figur anliegt. Falten bilden oft eine Dreiecksform – je lockerer der Stoff, desto größer das dortige Dreieck. Je enger die Stelle, desto kleiner das Dreieck.

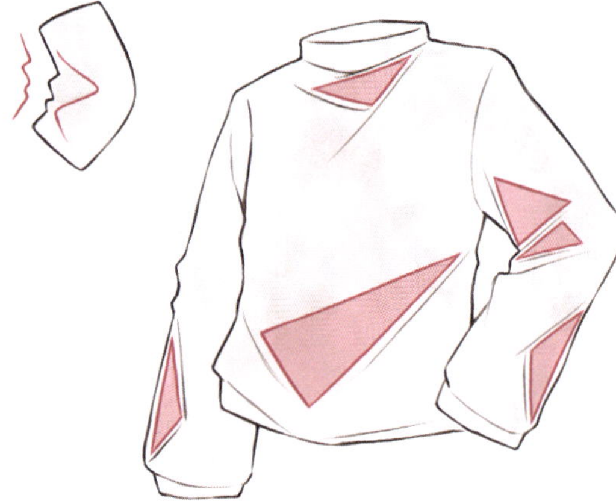

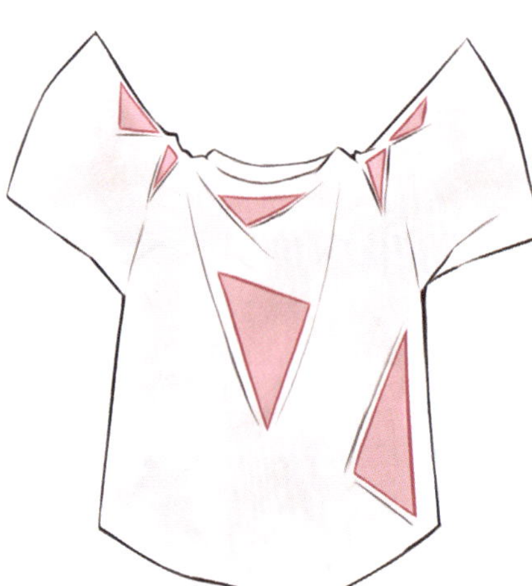

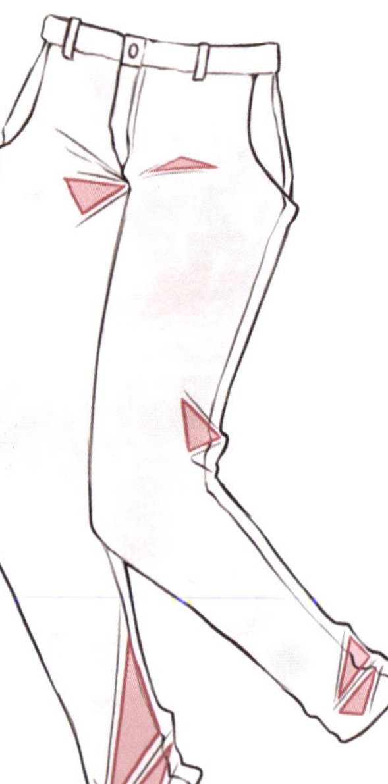

Dort, wo sich Gelenke bewegen, entstehen Falten – beispielsweise in der Ellenbeuge und in der Kniekehle. Außerdem auch dort, wo überschüssiger Stoff sich sammelt – zum Beispiel an den Fußgelenken oder am Halskragen. Aber grundsätzlich gilt, wenn du dir unsicher bist, dann minimiere Falten und Schatten, damit keine optischen Unstimmigkeiten im Gesamtbild entstehen.

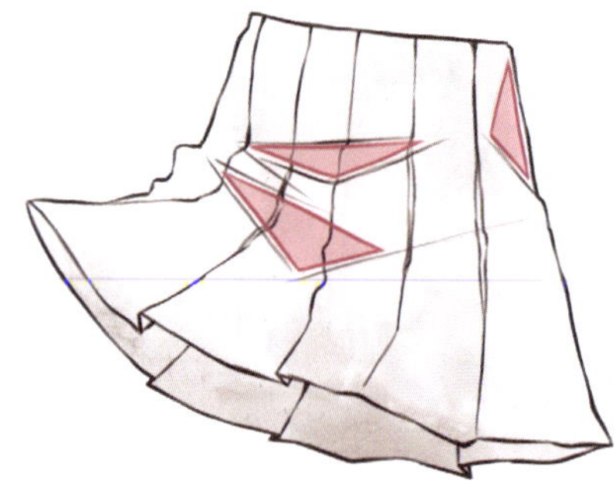

JETZT DU!

Such dir Fotos von echten Kleidungsstücken oder lass jemanden für dich Modell stehen. Damit kannst du die Falten und Schatten gut üben. Und wenn du dir mal unsicher bist, denk dran: Weniger ist mehr!

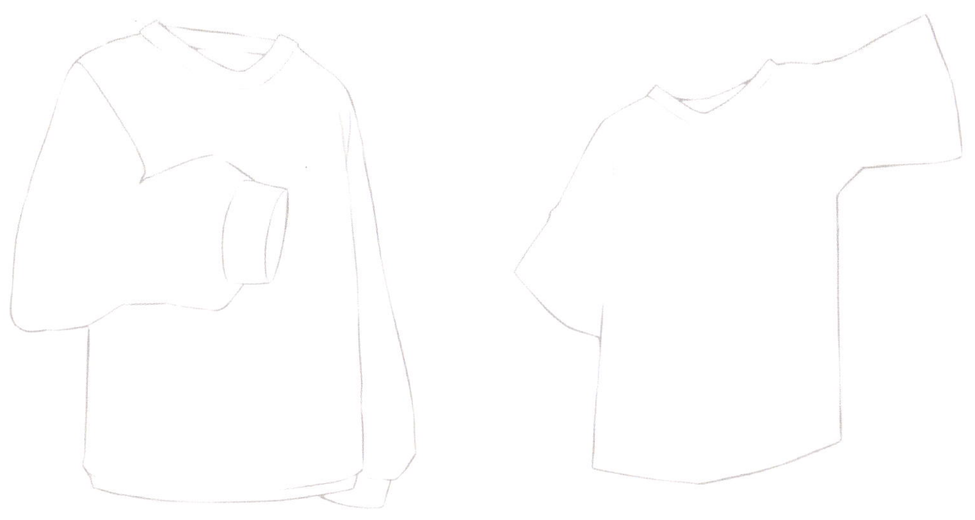

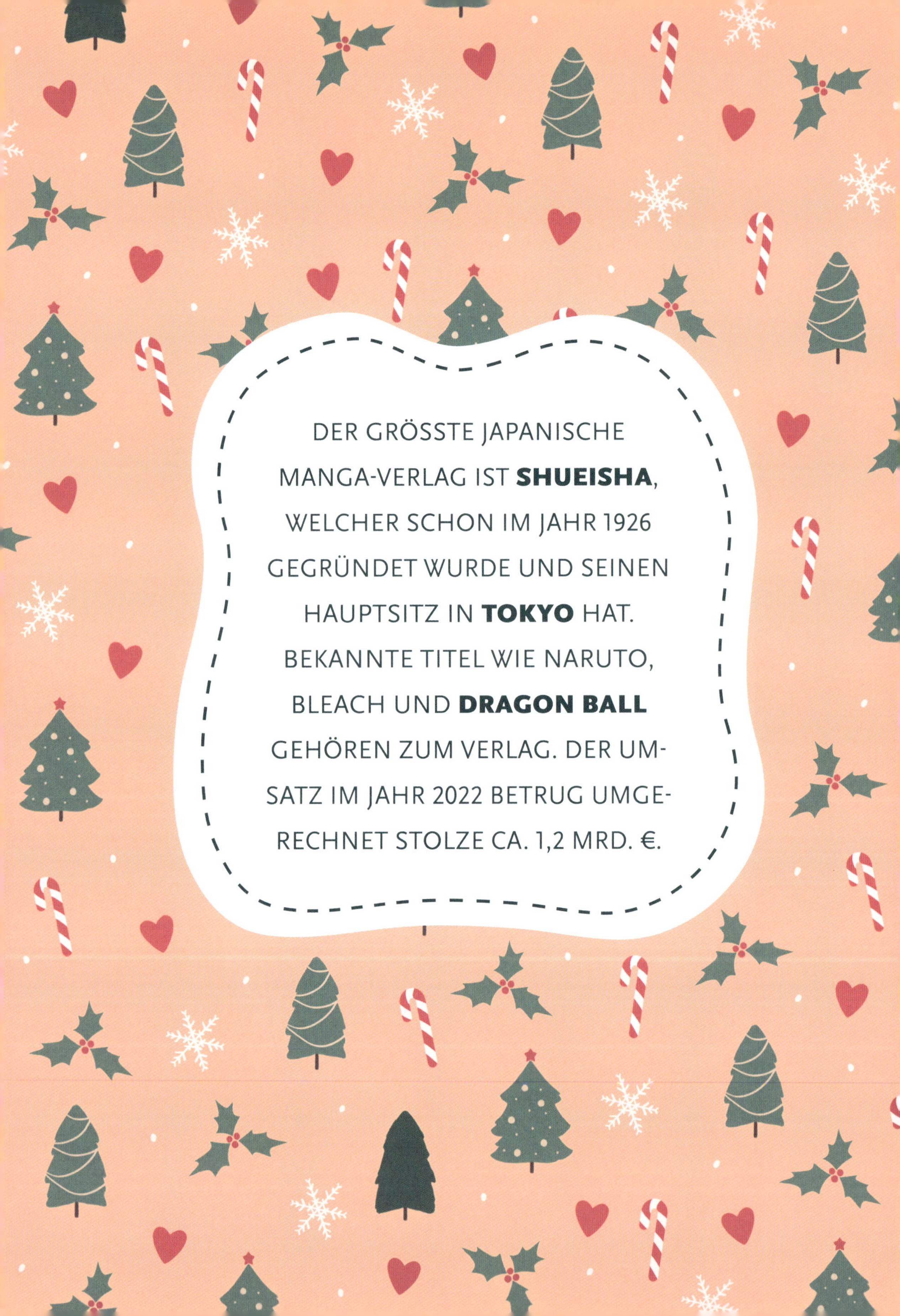
DER GRÖSSTE JAPANISCHE
MANGA-VERLAG IST **SHUEISHA**,
WELCHER SCHON IM JAHR 1926
GEGRÜNDET WURDE UND SEINEN
HAUPTSITZ IN **TOKYO** HAT.
BEKANNTE TITEL WIE NARUTO,
BLEACH UND **DRAGON BALL**
GEHÖREN ZUM VERLAG. DER UM-
SATZ IM JAHR 2022 BETRUG UMGE-
RECHNET STOLZE CA. 1,2 MRD. €.

14

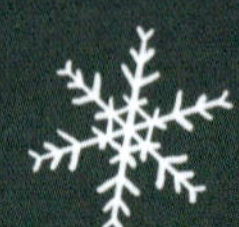

14. RÜSCHEN DESIGNS

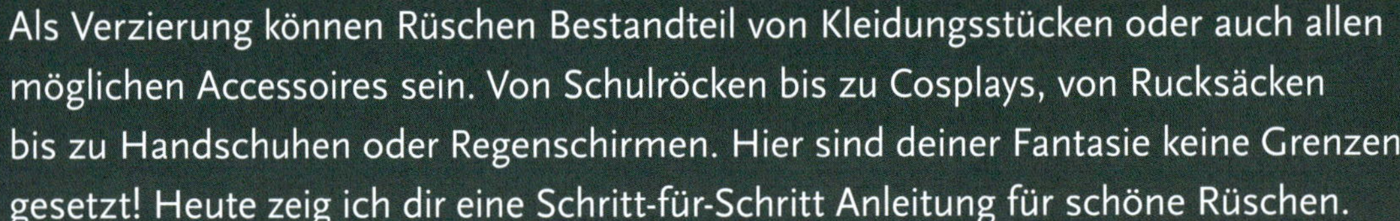

Als Verzierung können Rüschen Bestandteil von Kleidungsstücken oder auch allen möglichen Accessoires sein. Von Schulröcken bis zu Cosplays, von Rucksäcken bis zu Handschuhen oder Regenschirmen. Hier sind deiner Fantasie keine Grenzen gesetzt! Heute zeig ich dir eine Schritt-für-Schritt Anleitung für schöne Rüschen.

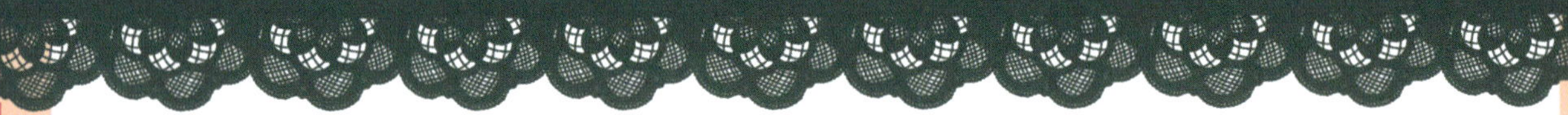

1 Zu Beginn kannst du durch eine Hilfsform den Bereich vorskizzieren, den die Rüschen später ausfüllen sollen. Dazu verwendet man am besten ein gebogenes Rechteck, welches die innere und äußere Kante und somit die generelle Form der Rüschen markiert. Benutz am besten einen Bleistift für die Hilfslinien.

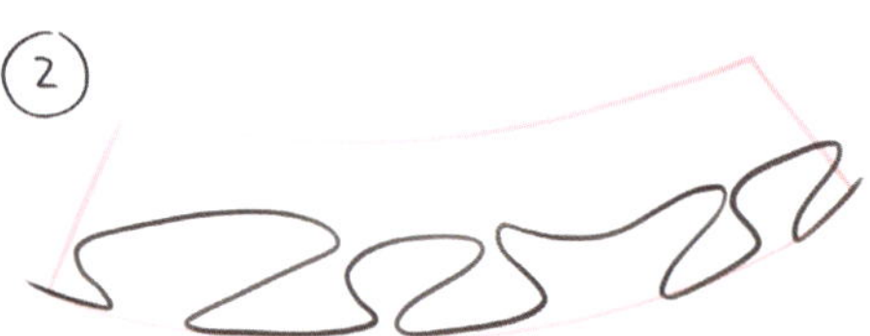

2 Zieh für den Umriss der Rüschenkanten eine abwechselnd von oben nach unten geschlängelte Linie mit unterschiedlich großen Halbkreisen. Diese Stoffkante definiert die Hauptform und die Größe der Rüschen. Je flacher die Schlängellinie ist, desto weniger sieht man später vom Inneren der Rüschen.

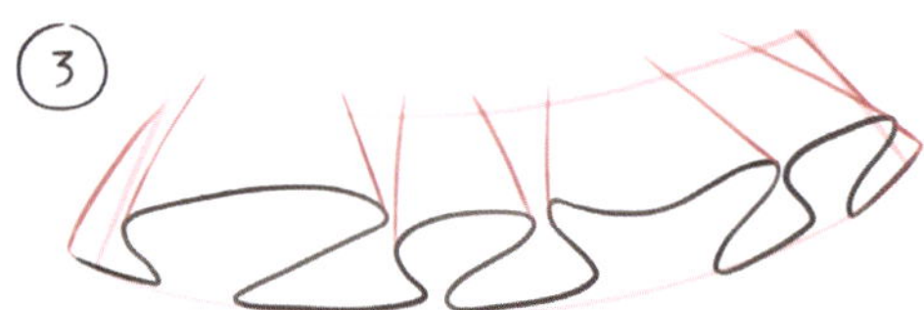

3 Um die Falten zu erschaffen, kannst du alle richtungsändernden Punkte mit Fluchtlinien versehen. Achte darauf, dass die Rüsche zur Naht hin in der Regel schmaler wird. Dadurch entsteht nämlich diese typische Raffung. Wenn die Fluchtlinien parallel wären, dann hätten die Rüschen weniger Volumen.

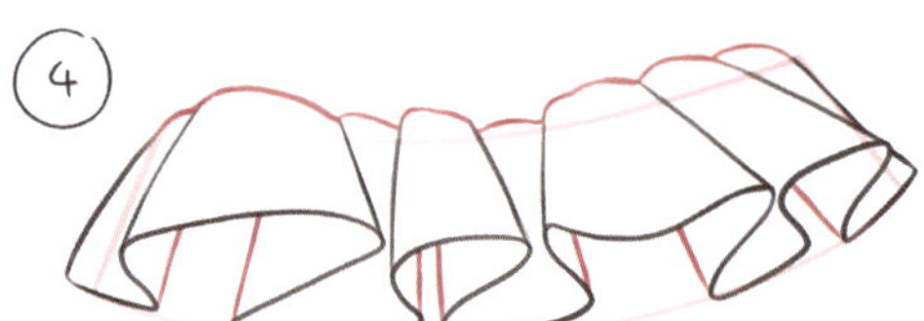

4 Unter den Rüschen zeichnest du noch die untenliegenden Fluchtlinien ein, die perspektivisch teilweise vom Stoff verdeckt werden. Den Beginn der Naht, wo der Stoff festgenäht ist, markiert eine Schlängellinie, die die gleiche Form wie der Saum hat, jedoch verkleinert und gestaucht ist.

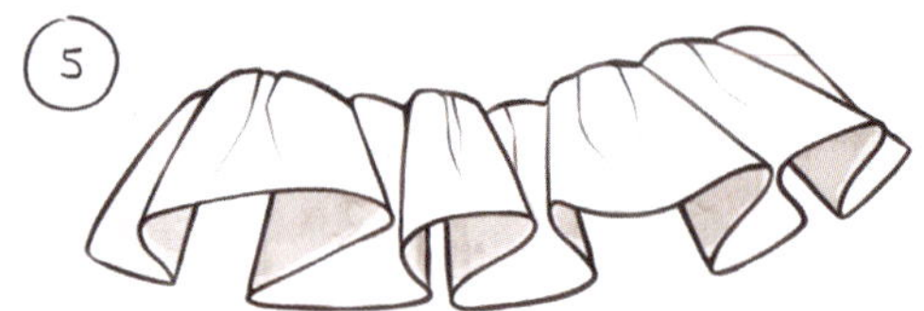

5 Zum Schluss kannst du noch kleinere Faltenlinien einzeichnen – dort, wo der Stoff festgenäht wurde. Folgende Bereiche werden verdeckt oder liegen unten und haben deshalb Schattierungen: der Stoff, der sich nach unten wölbt und somit von den anderen Rüschen verdeckt wird sowie die Unterseiten der Rüschen.

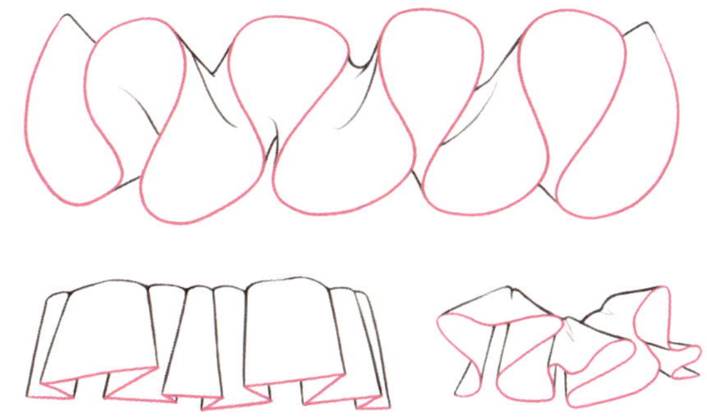

Raffungsarten

Je nachdem, wie der Stoff festgenäht wurde, fällt dieser auf unterschiedliche Weise. Auch die Art und Dicke des Stoffes beeinflusst dessen Aussehen. Und zu guter Letzt kann man Stoffe mit einem Bügeleisen durch Falten platter machen. Auf der linken Seite habe ich noch drei verschiedene Rüschenvariationen als Muster für dich zusammengestellt.

UND JETZT DU!

Die vorgestellten Designs sind Beispiele – jede Rüschenform kannst du in allen möglichen Größen und Ausfertigungen nachzeichnen. Denk an die Stellen, wo der Stoff die Richtung ändert, dann klappt das schon!

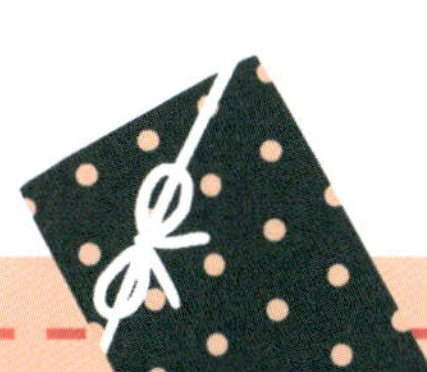

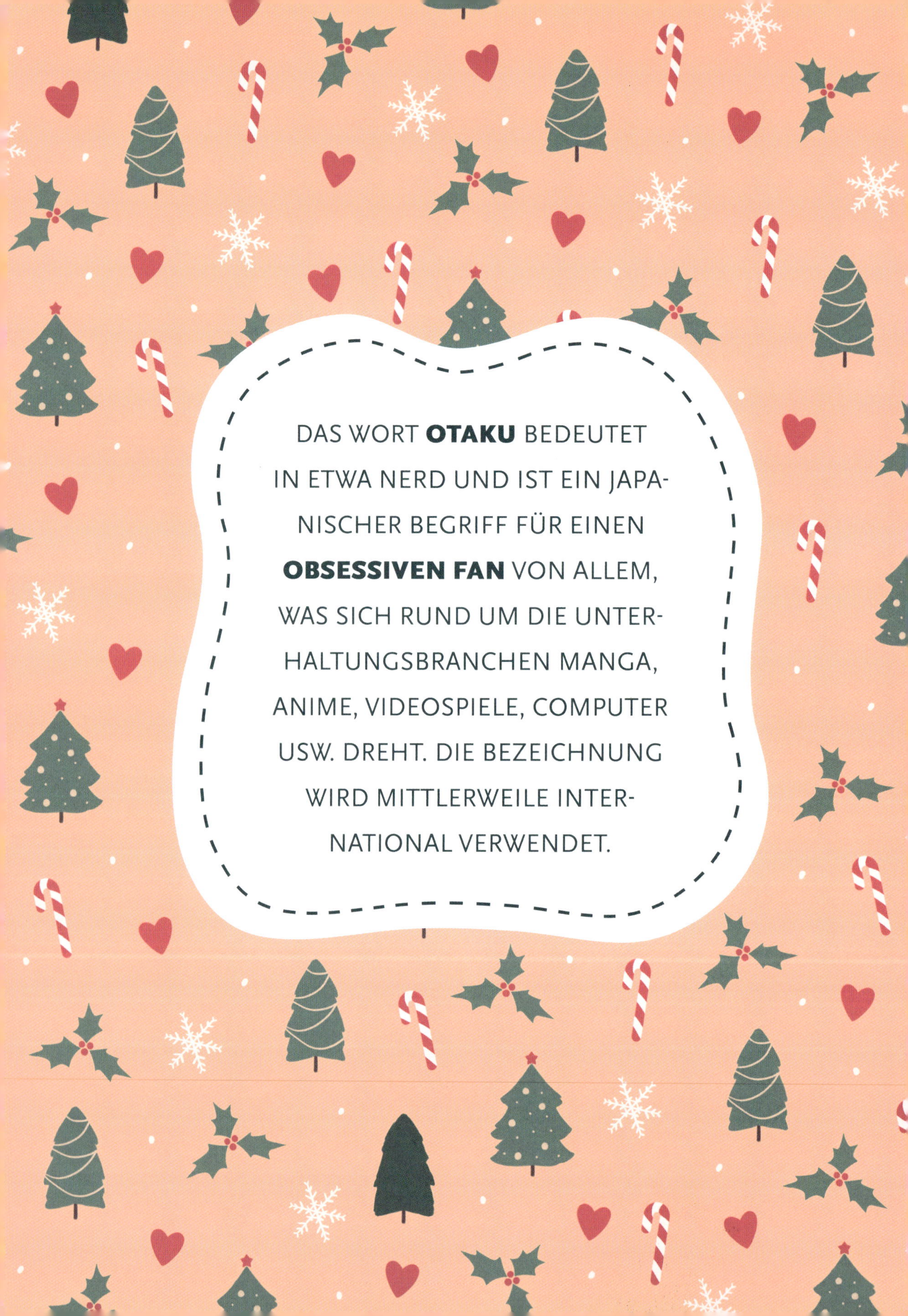
DAS WORT **OTAKU** BEDEUTET
IN ETWA NERD UND IST EIN JAPA-
NISCHER BEGRIFF FÜR EINEN
OBSESSIVEN FAN VON ALLEM,
WAS SICH RUND UM DIE UNTER-
HALTUNGSBRANCHEN MANGA,
ANIME, VIDEOSPIELE, COMPUTER
USW. DREHT. DIE BEZEICHNUNG
WIRD MITTLERWEILE INTER-
NATIONAL VERWENDET.

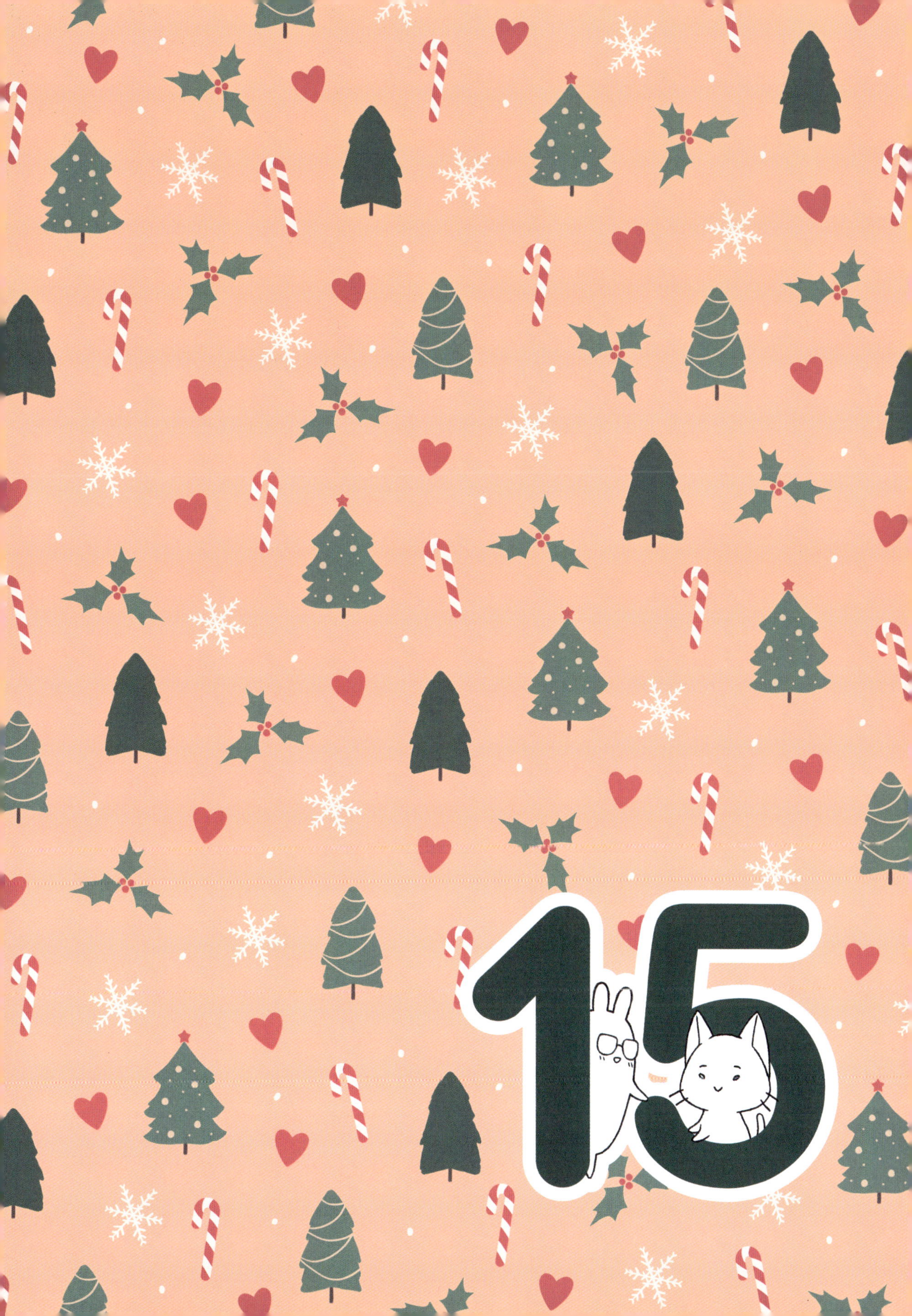
15

15. WINTERLICHE ACCESSOIRES

Ein Outfit lässt sich winterlich und weihnachtlich ausschmücken, indem du passende Accessoires in das Motiv integrierst. Diese können direkt auf der Kleidung angebracht sein oder aber zusätzliche Gegenstände sein, die dein Charakter als Schmuck oder Zubehör mit sich trägt. Stoffe und Designs sind hier maßgeblich.

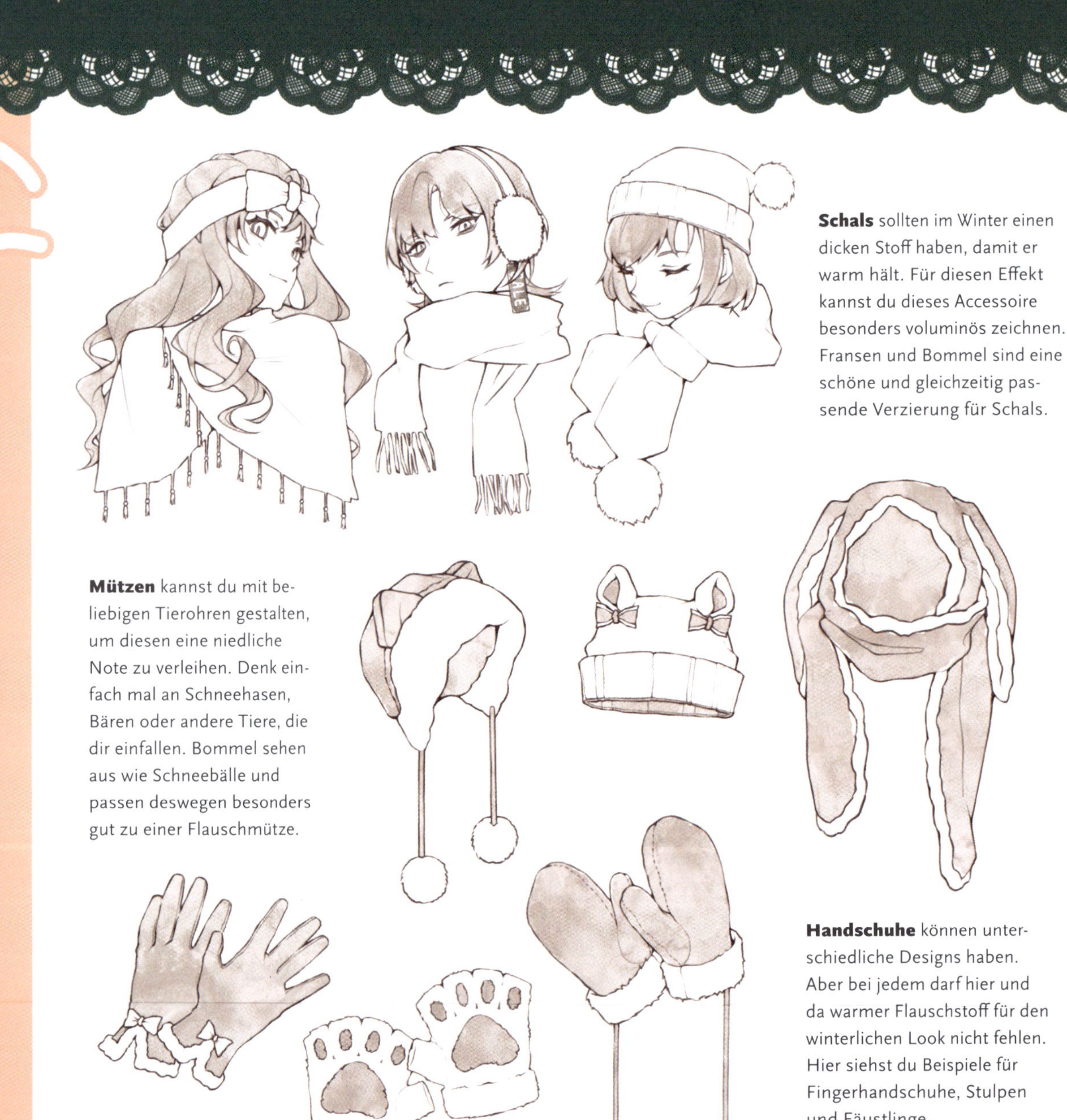

Schals sollten im Winter einen dicken Stoff haben, damit er warm hält. Für diesen Effekt kannst du dieses Accessoire besonders voluminös zeichnen. Fransen und Bommel sind eine schöne und gleichzeitig passende Verzierung für Schals.

Mützen kannst du mit beliebigen Tierohren gestalten, um diesen eine niedliche Note zu verleihen. Denk einfach mal an Schneehasen, Bären oder andere Tiere, die dir einfallen. Bommel sehen aus wie Schneebälle und passen deswegen besonders gut zu einer Flauschmütze.

Handschuhe können unterschiedliche Designs haben. Aber bei jedem darf hier und da warmer Flauschstoff für den winterlichen Look nicht fehlen. Hier siehst du Beispiele für Fingerhandschuhe, Stulpen und Fäustlinge.

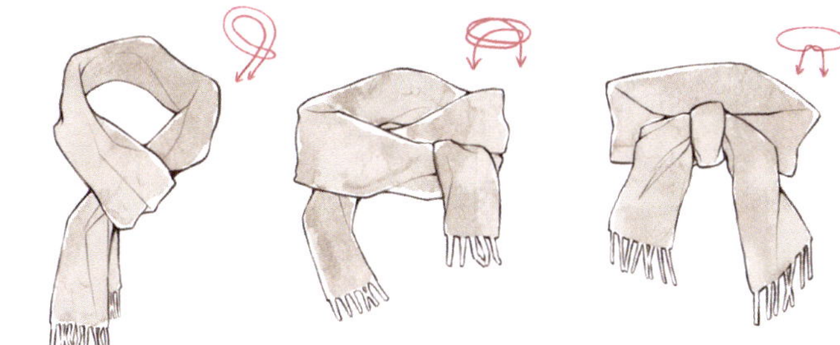

Um Abwechslung in die Designs von winterfesten Outfits zu bringen, kannst du die Schalbindetechnik variieren. Ganz klassisch beide Enden durch eine Schlaufe, mehrmals um den Hals gewickelt oder vorne unter dem Kinn als Schleife!

PROBIER ES AUS!

Viel Spaß beim Erschaffen deiner eigenen winterlichen Accessoires! Die flauschigen Stoffe, Schleifen und Bommel warten darauf, eingezeichnet zu werden. Du kannst sogar Rüschen einbauen, die du gestern gelernt hast.

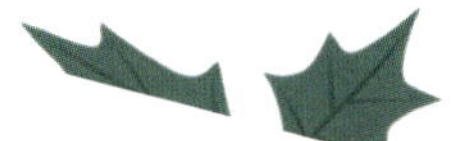

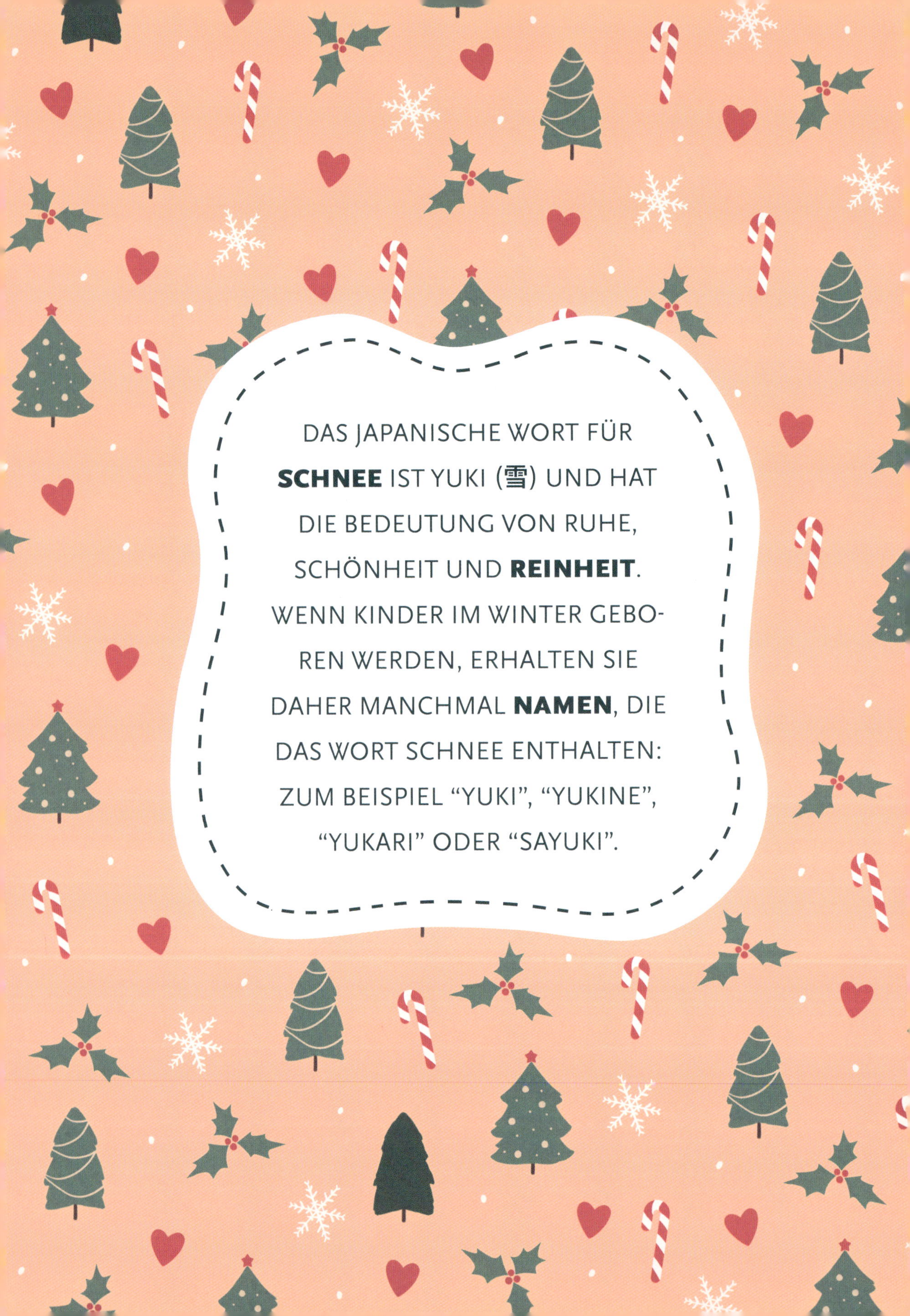

DAS JAPANISCHE WORT FÜR **SCHNEE** IST YUKI (雪) UND HAT DIE BEDEUTUNG VON RUHE, SCHÖNHEIT UND **REINHEIT**. WENN KINDER IM WINTER GEBOREN WERDEN, ERHALTEN SIE DAHER MANCHMAL **NAMEN**, DIE DAS WORT SCHNEE ENTHALTEN: ZUM BEISPIEL "YUKI", "YUKINE", "YUKARI" ODER "SAYUKI".

16

16. SCHNEEFLOCKEN

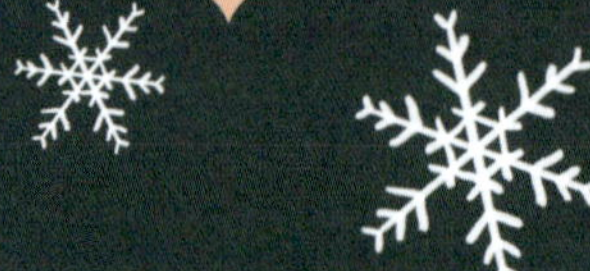

Mit der Weihnachtszeit verbindet man oft träumerische Schneelandschaften. So kannst du Schneeflocken gut als Dekoelement bei Zeichnungen einbringen, um diesen Winterzauber einzufangen. Die Schneeflocken machen sich schön auf Kleidungsstücken, im Hintergrund oder sogar auf einem Weihnachtskuchen.

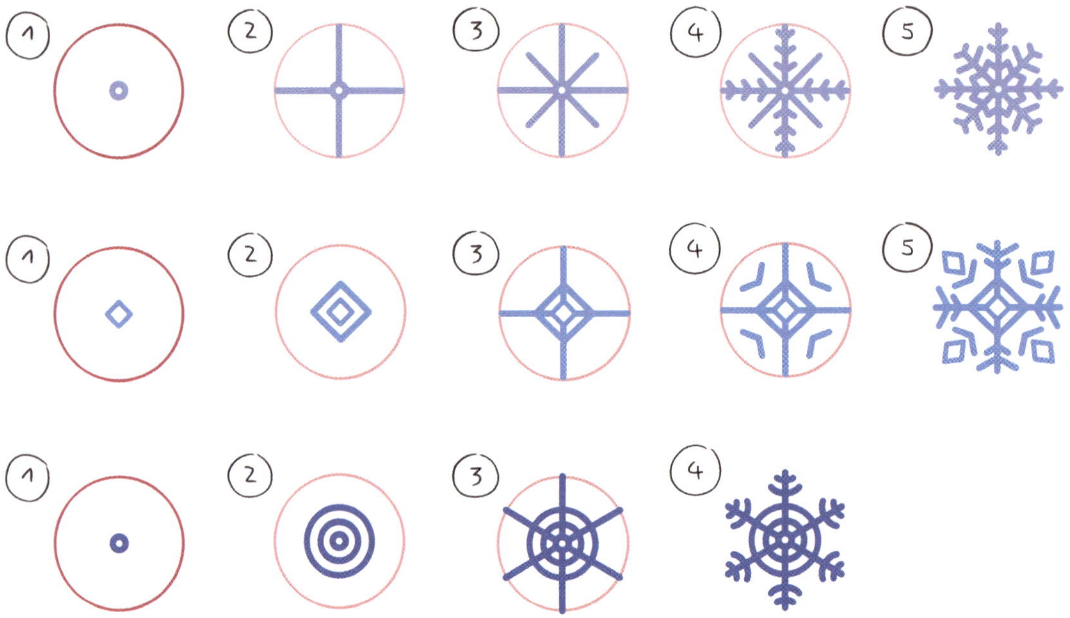

1 2 3 4 5

1 2 3 4 5

1 2 3 4

1 Zunächst ist es hilfreich, wenn du mit einem Zirkel oder frei Hand einen Kreis zeichnest, der die Größe deiner Schneeflocke insgesamt festlegt. Den Mittelpunkt kannst du mit einer geometrischen Form markieren.

2 Von der Grundform ausgehend fügst du eine Variante von weiteren geometrischen Formen hinzu – also zum Beispiel ein Kreuz, ein Viereck oder einen Kreis. Diese kannst du in beliebiger Anzahl und Größe einfügen.

3 Im nächsten Schritt siehst du, dass die finale Form etwa achteckig, viereckig oder sechseckig sein kann. Hauptsache, die Form ist ausgehend von der Mitte immer symmetrisch. Zwar gibt es in der Natur nur sechseckige Schneeflocken, aber im Sinne der Kunst darfst du die Naturgesetze ja auch mal abstrahieren.

4 Nun kommen einfache Abzweigungen als kleine Striche dazu, die in der Regel von den Armen des Kristalls abgehen, aber auch sozusagen frei in der Luft schweben können. Wähle die Anzahl der Striche nach Belieben.

5 Bei Schritt 4 kannst du theoretisch auch schon aufhören. Aber andererseits kann man immer noch mehr Details hinzufügen und quasi unendlich weitermachen. Schau einfach, was du optisch ansprechend findest.

Komplexität

Schneeflocken bzw. Eiskristalle kommen in der Natur immer nur 6-eckig und symmetrisch vor. Dies hat mit den gefrorenen Wassermolekülen zu tun, die nur im 60° oder 120° Winkel aufgebaut sind. Wenn man aber Kunst daraus macht, muss man sich nicht immer an die physikalischen Gegebenheiten halten, sondern kann kreativ sein!

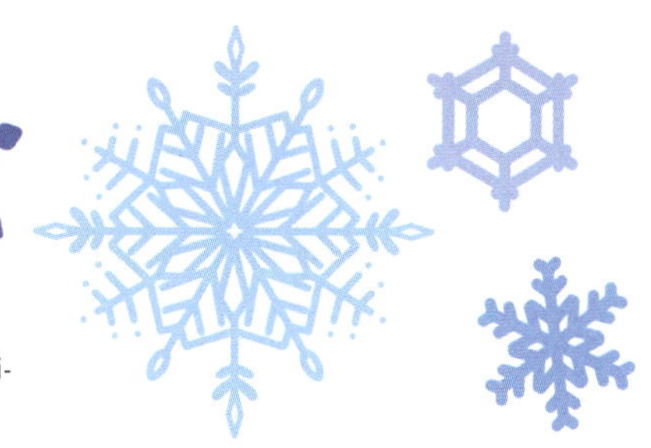

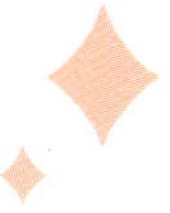

DU BIST DRAN!

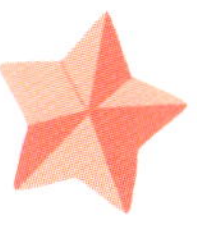

Mithilfe der Beispiele und Methoden, die du heute gelernt hast, kannst du dich nun selbst an schicken Schneeflocken versuchen. Achte auf die Symmetrie und benutze am besten ein Lineal für die geraden Linien.

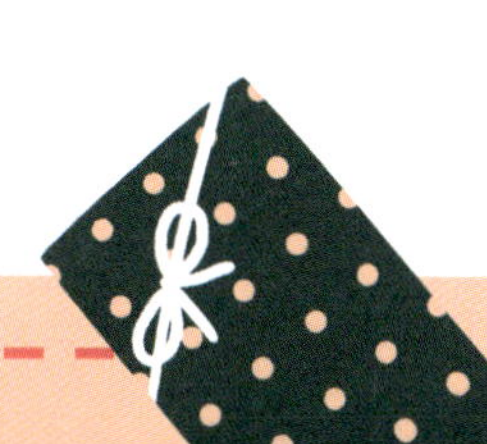

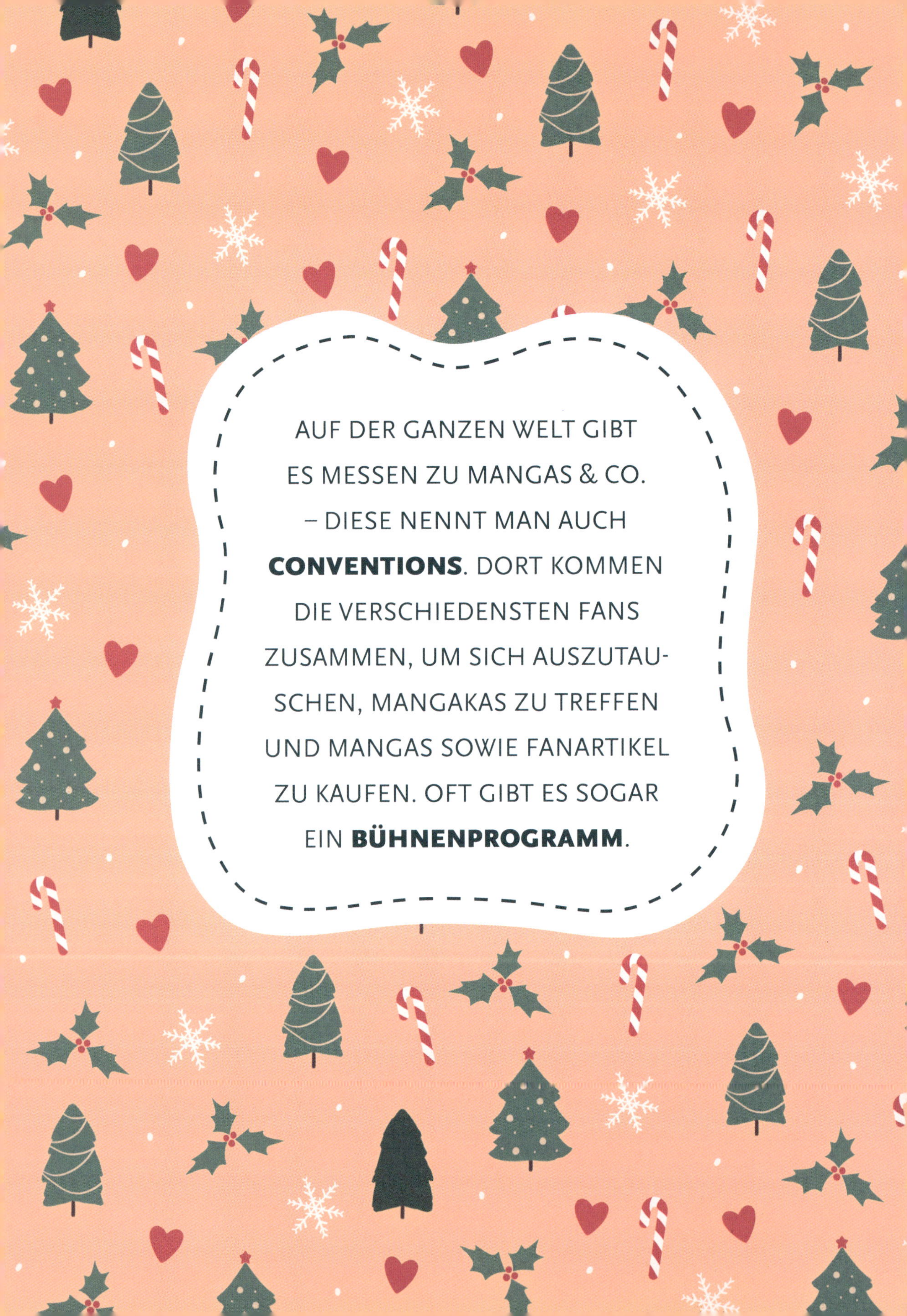

AUF DER GANZEN WELT GIBT ES MESSEN ZU MANGAS & CO. – DIESE NENNT MAN AUCH **CONVENTIONS**. DORT KOMMEN DIE VERSCHIEDENSTEN FANS ZUSAMMEN, UM SICH AUSZUTAUSCHEN, MANGAKAS ZU TREFFEN UND MANGAS SOWIE FANARTIKEL ZU KAUFEN. OFT GIBT ES SOGAR EIN **BÜHNENPROGRAMM**.

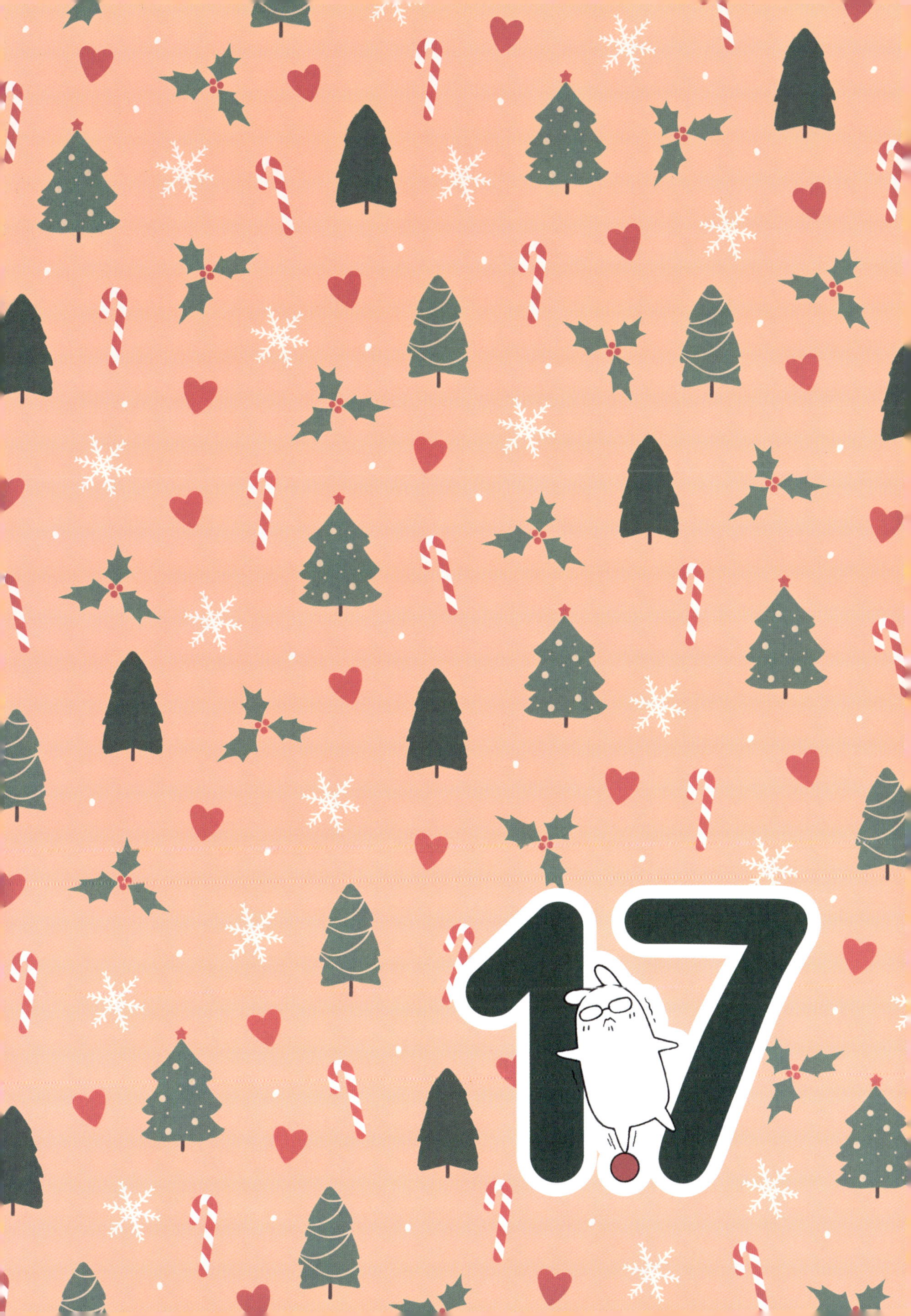
17

17. GESICHT IM PROFIL

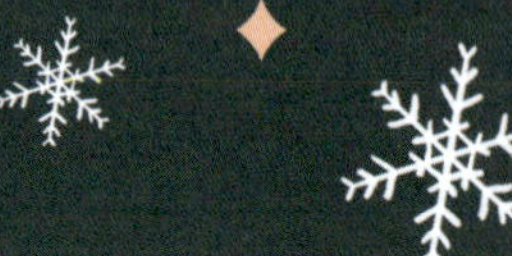

Am zweiten Tag sind wir ja bereits die Proportionen eines Kopfs durchgegangen. Nun kommt noch eine weitere Grundlage dazu – das Gesichtsprofil. In dieser Perspektive kann man im Gegensatz zur Frontansicht die Silhouette der Stirn, der Nase, der Lippen und des Kinns sehen. Dadurch sind andere Ausdrücke möglich.

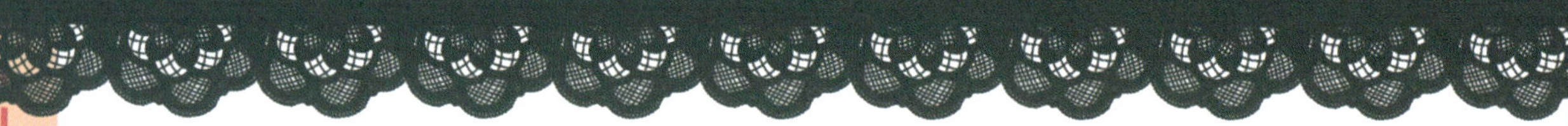

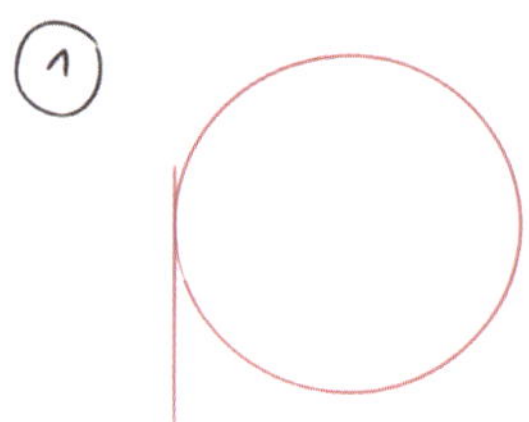

Beim Profil macht es Sinn, zur Orientierung einen runden Kreis zu skizzieren. In der Richtung, in der du die Nase zeichnen möchtest, kannst du eine senkrechte Hilfslinie einzeichnen, die am Rande des Kreises verläuft. Das bildet schonmal das erste Gerüst.

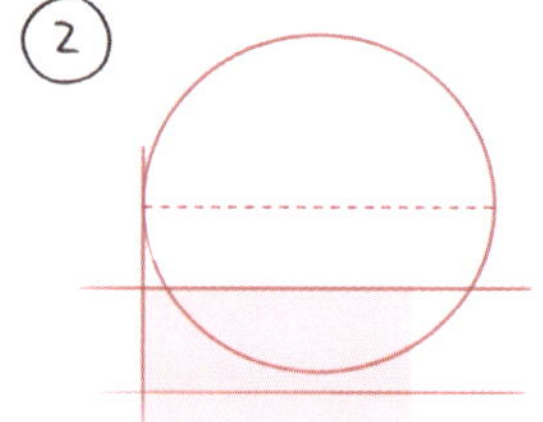

Den Kreis kannst du waagerecht in der Mitte nach unten hin zweimal teilen; dadurch entstehen 1/4-Abstände. Die Nase wird später auf Höhe des unteren Viertels sein; das Kinn läuft entlang der zuvor senkrecht gezeichneten Linie und kann in der Länge variieren.

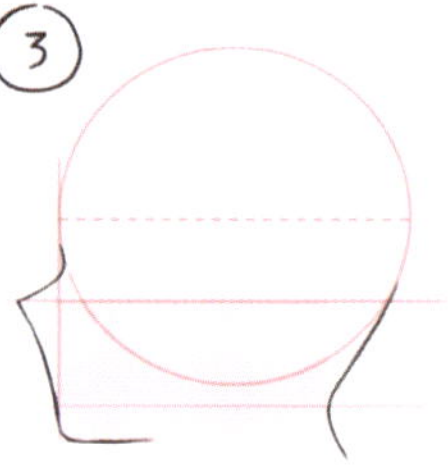

Als nächstes geht es an die Zeichnung des Nackens: Mit einer geschwungenen Linie kannst du darstellen, wie der Kopf in den Hals übergeht. Auf der anderen Seite ist der Übergang von der Stirn zur Nase und dann runter zum Kinn.

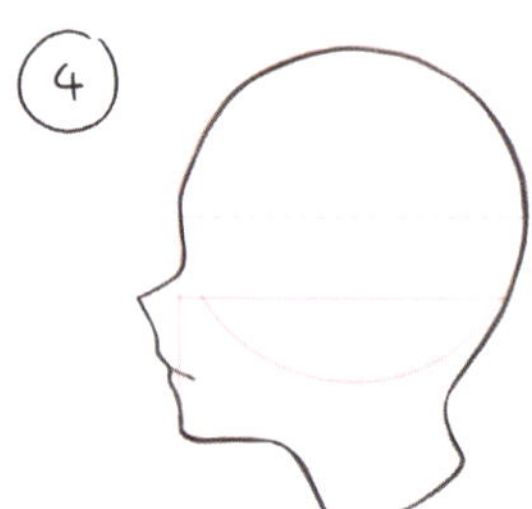

Den Mund von der Seite kannst du erstellen, indem du zwei kleine Wölbungen für die Lippen einzeichnest. Dazu kommt dann eine leicht nach unten gehende Linie – so liegen die Lippen übereinander. Der Hals verläuft in einem sanften Winkel unter dem Kiefer.

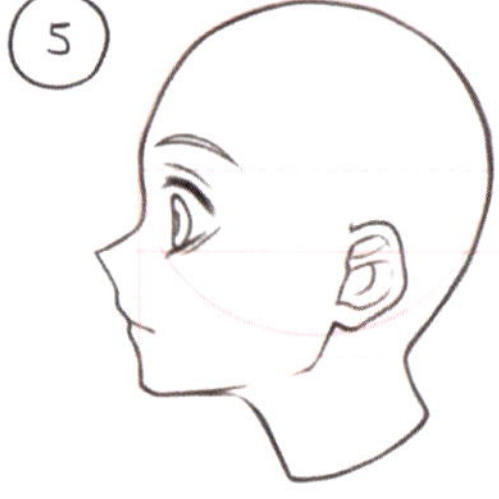

Nun fehlen noch die Augen, die im Manga-Stil nach innen gewölbt sind. Die Wimpernkränze verlaufen in dieser Perspektive in einer Art Dreieck und kommen an den Enden (fast) zusammen. Die Position des Ohrs kannst du am Rand des ursprünglichen Kreises orientieren.

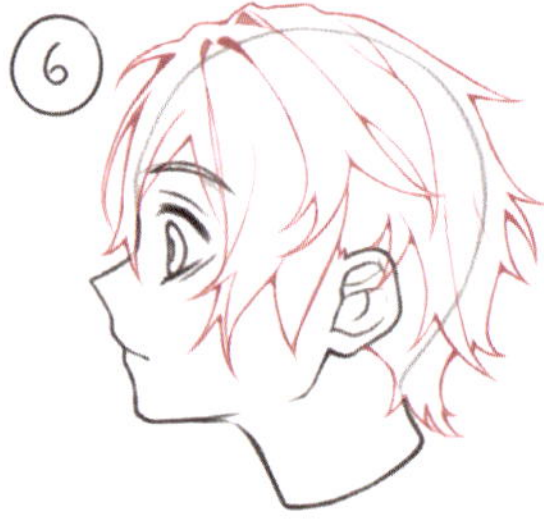

Die Haare fallen in der Regel ausgehend vom Scheitel durch die Schwerkraft nach unten. Ein natürlicher Schwung von Strähnen lässt sich dadurch kreieren, dass die Spitzen sanft vom Kopf abstehen – aber immer in nach unten fließender Richtung.

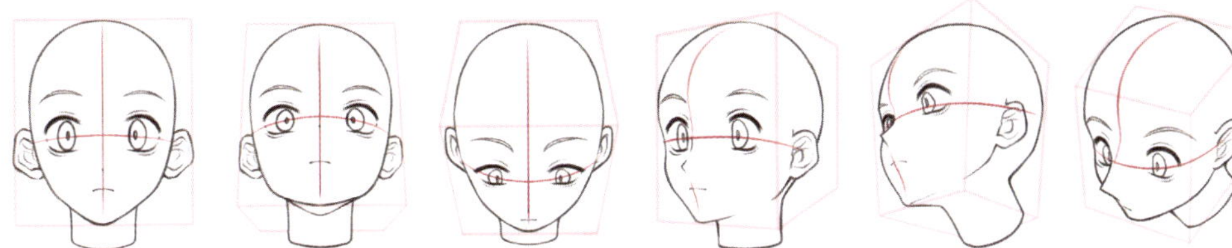

Perspektiven

Zu Beginn kannst du eine 3D-Box skizzieren. Die Dimension hilft dir im nächsten Schritt, die Position der Gesichtsmitte mit einer waagerechten und senkrechten Hilfslinie zu markieren. Dieses Kreuz legt des Weiteren auch die Blickrichtung des Kopfes fest. Danach fällt das Platzieren der Gesichtselemente direkt leichter. Augen, Nase, Mund, Ohren und Augenbrauen haben je nach Perspektive andere Proportionen und Größen. Die weiteren Gesichtszüge wie Kiefer und Hals verzerren sich auch je nach Winkel und erscheinen demnach kleiner oder größer als bei der Ansicht von vorne, wo alles gleichmäßig ist.

JETZT DU!

Hier kannst du üben, ein Gesicht im Profil oder aus einer anderen Perspektive zu zeichnen. Verwende Orientierungslinien und Referenzbilder, um ein besseres Gefühl für die Stilisierung der Gesichtszüge im Manga-Stil zu bekommen.

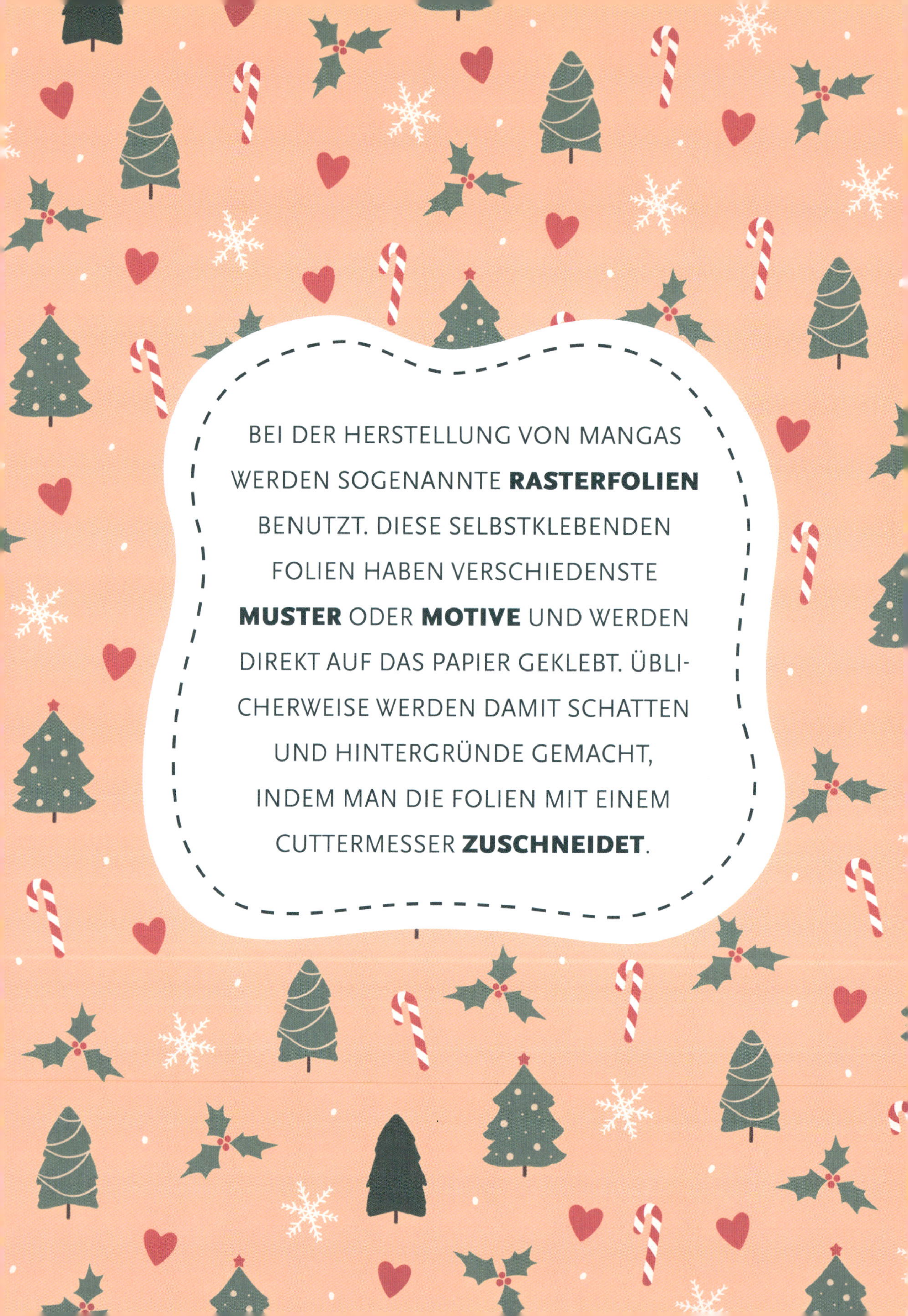

BEI DER HERSTELLUNG VON MANGAS WERDEN SOGENANNTE **RASTERFOLIEN** BENUTZT. DIESE SELBSTKLEBENDEN FOLIEN HABEN VERSCHIEDENSTE **MUSTER** ODER **MOTIVE** UND WERDEN DIREKT AUF DAS PAPIER GEKLEBT. ÜBLICHERWEISE WERDEN DAMIT SCHATTEN UND HINTERGRÜNDE GEMACHT, INDEM MAN DIE FOLIEN MIT EINEM CUTTERMESSER **ZUSCHNEIDET**.

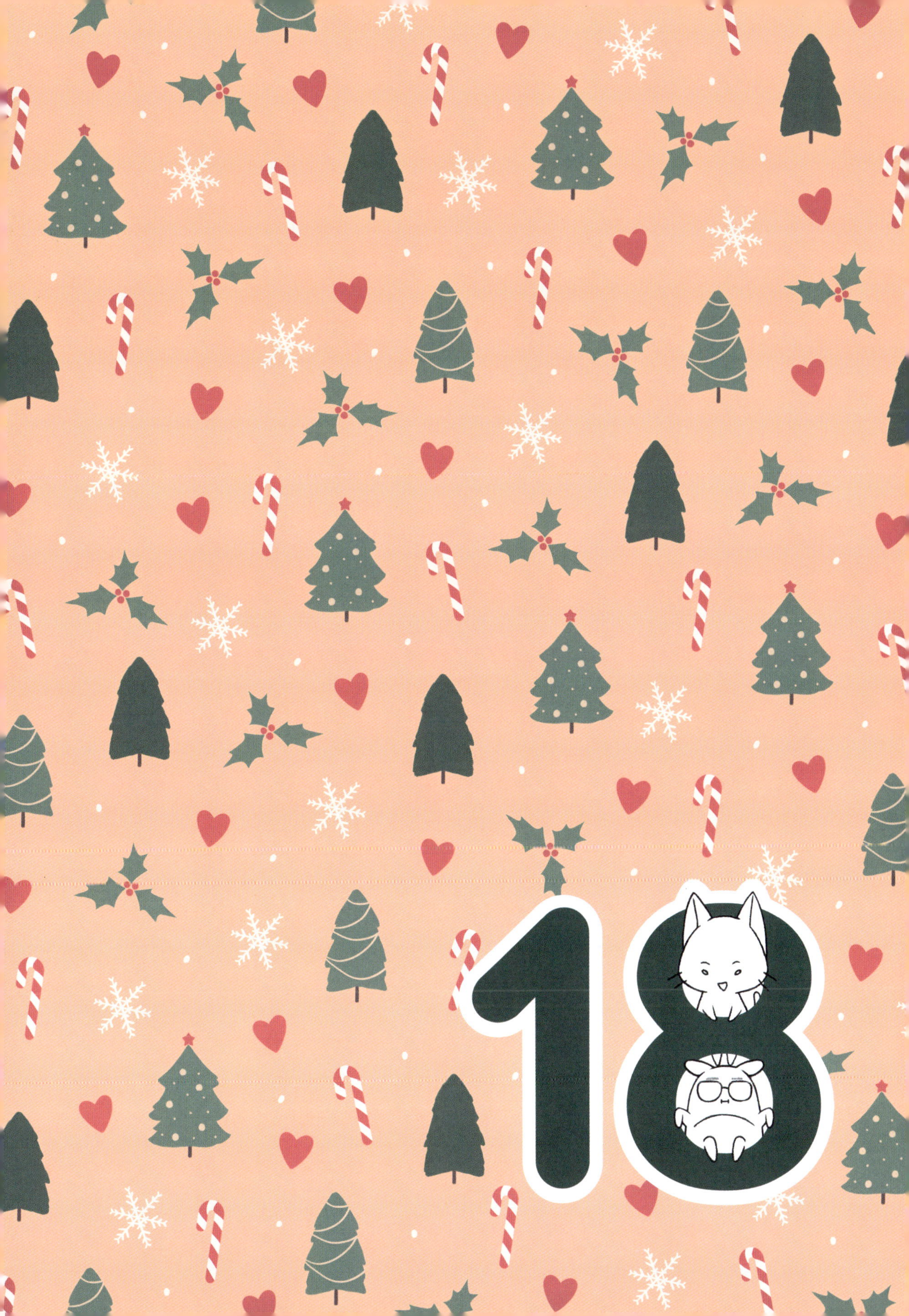
18

18. HÄNDE STEP BY STEP

Die Anatomie von menschlichen Händen kann herausfordernd sein, wenn man nicht weiß, wo man anfangen soll. Deswegen blicken wir hier zusammen insbesondere auf die Gelenkabschnitte und Knochenanordnung bei Händen. Sobald du die Grundlagen dieser Gliedmaßen verstehst, fällt das Zeichnen dir schnell leichter.

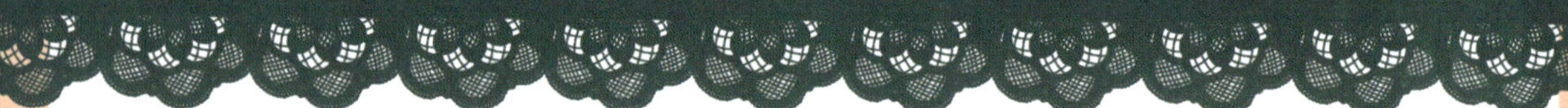

1. Fläche Die Handfläche besteht unter der Haut aus Handwurzelknochen und Mittelhandknochen. Diese kannst du zunächst als ungleiches Viereck skizzieren. In der Regel wird die Fläche ausgehend vom Handgelenk in Richtung der Finger etwas breiter. Hier üben wir die Perspektive von oben mit zwei Beispielen.

2. Umriss Dann können wir mit dem Umriss der Handposition weitermachen, mit dem die Länge der Finger festgelegt wird. Aus dem Blickwinkel auf eine flache Hand brauchst du jetzt noch nicht an die Stauchung der Perspektive denken. Der Daumen kommt seitlich aus der Hand und ist etwas länger als die Handfläche. Normalerweise ist der Mittelfinger am längsten und die anderen Finger werden ausgehend davon immer kürzer.

3. Finger Nun kannst du die Finger durch das Ziehen der Linien bei den Umrandungen formen. Haut und Nägel werden dabei stilisiert, also im Gegensatz zum realen Erscheinungsbild abstrakt dargestellt. Nur die wesentlichen Grundstrukturen wie angedeutete Nagelbetten und leichte Linien für die Mittelhandknochen sind sichtbar. Vergiss nicht die Wölbungen beim Handgelenk, die die Ellen- und Speichenknochen andeuten.

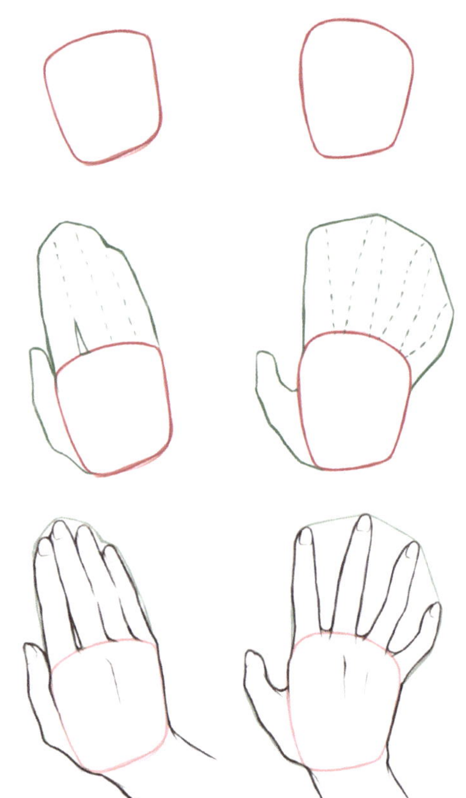

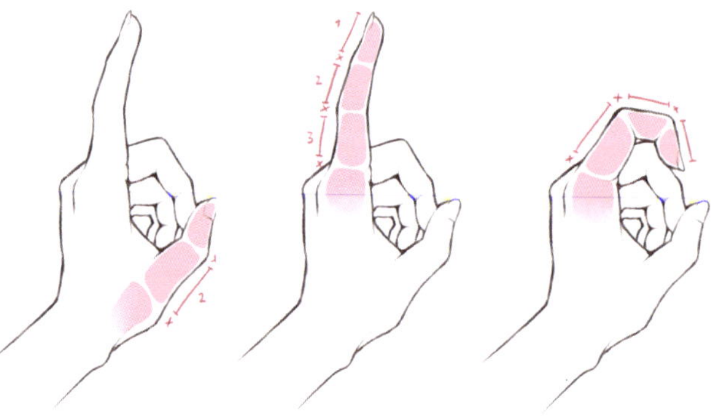

Gelenke Zwischen den Fingergelenken sind Sehnen und auch Muskeln, wodurch leichte Rundungen unter den jeweiligen Gelenkabschnitten entstehen. Alle fünf Finger haben drei Gelenkabschnitte, aber nur beim Daumen verschwindet der erste Gelenkabschnitt in der Haut mit der Handfläche. Also hat der Daumen beim Zeichnen einen Knick weniger als die anderen vier Finger.

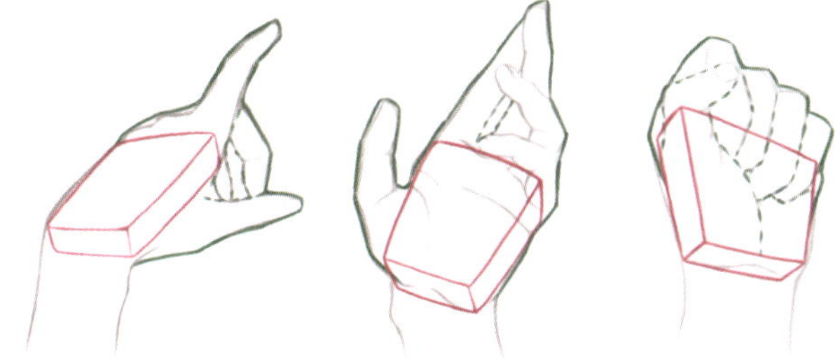

Haltung

Sobald sich die Perspektive ändert, ist es wichtig, darauf zu achten, dass man je nach Winkel die Sicht stauchen muss; d.h. kürzer zeichnen. Außerdem verschwinden die Finger, die von dem Blickpunkt aus nicht zu sehen sind, auch mal hinter der Handfläche oder anderen Fingern.

UND JETZT DU!

Hier findest du zwei Basisformen sowie Platz für weitere Übungen von Handskizzen. Die Umrisse und Finger kannst du nach deinen Vorstellungen in beliebigen Formen und Haltungen einzeichnen.

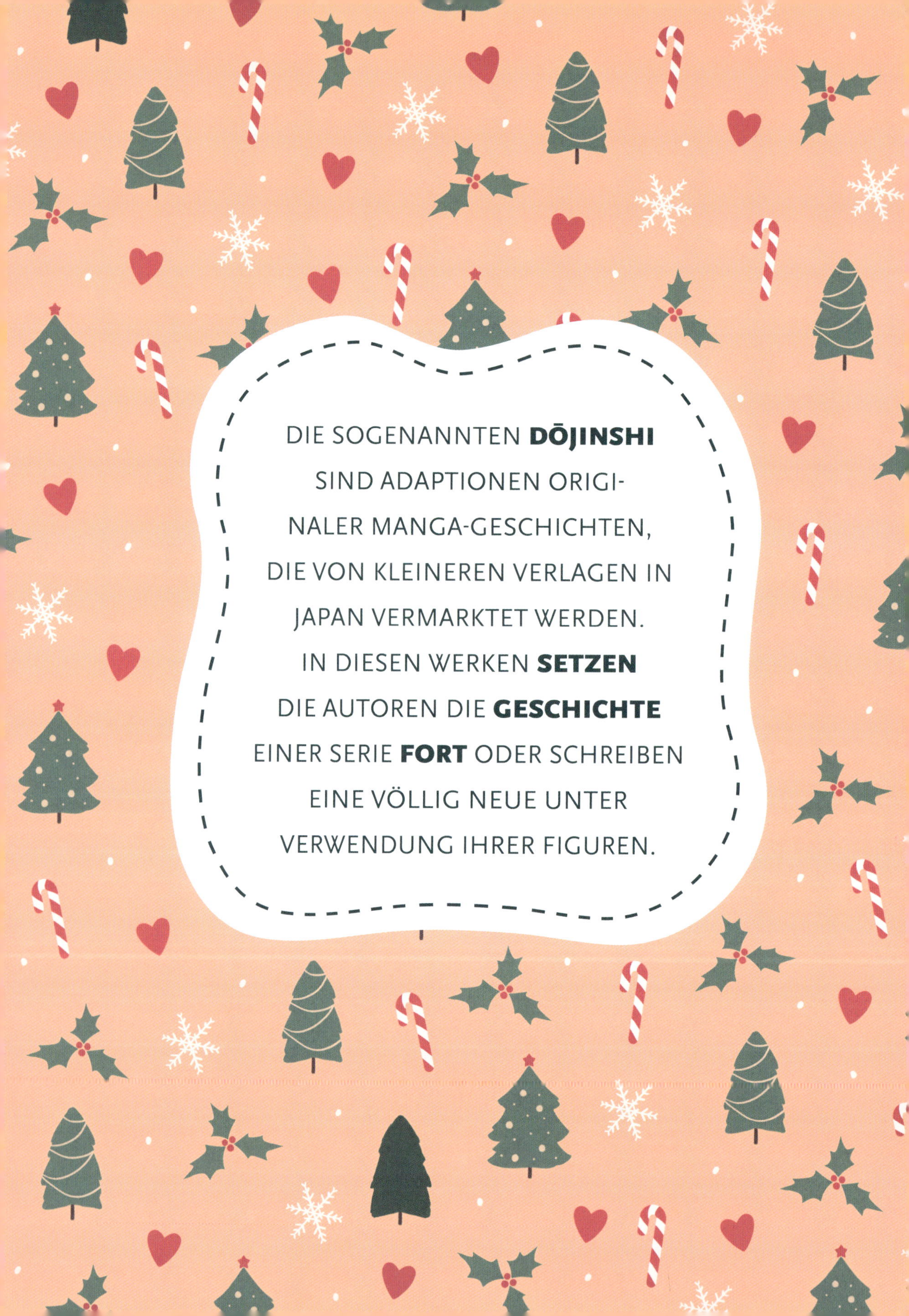
DIE SOGENANNTEN **DŌJINSHI**
SIND ADAPTIONEN ORIGI-
NALER MANGA-GESCHICHTEN,
DIE VON KLEINEREN VERLAGEN IN
JAPAN VERMARKTET WERDEN.
IN DIESEN WERKEN **SETZEN**
DIE AUTOREN DIE **GESCHICHTE**
EINER SERIE **FORT** ODER SCHREIBEN
EINE VÖLLIG NEUE UNTER
VERWENDUNG IHRER FIGUREN.

19

19. KOLORIERUNG

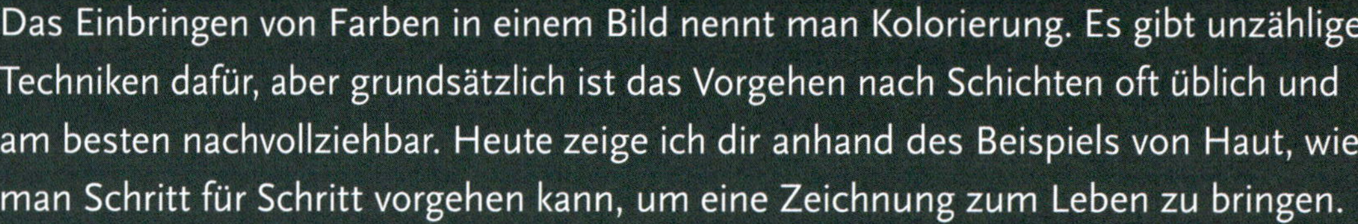

Das Einbringen von Farben in einem Bild nennt man Kolorierung. Es gibt unzählige Techniken dafür, aber grundsätzlich ist das Vorgehen nach Schichten oft üblich und am besten nachvollziehbar. Heute zeige ich dir anhand des Beispiels von Haut, wie man Schritt für Schritt vorgehen kann, um eine Zeichnung zum Leben zu bringen.

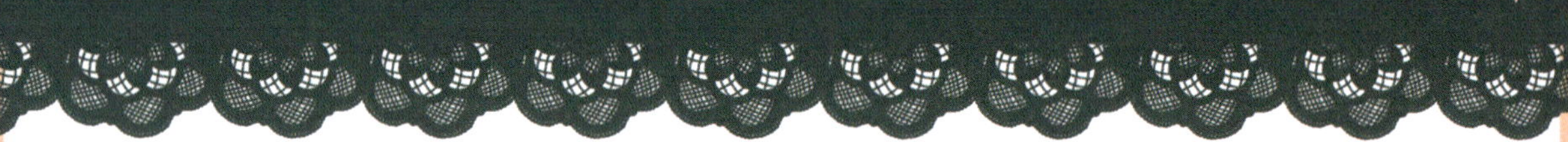

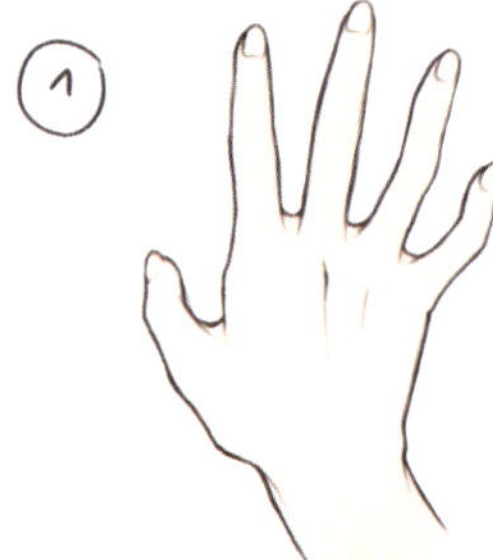

Als erstes möchte ich hervorheben, dass du diesen Ablauf natürlich auch auf die Kolorierung von Haaren, Kleidung und anderen Dingen anwenden kannst. Aber nun zur Haut: Wähle dir zuerst einen Grundton aus, alle Farben von hell bis dunkel sind möglich.

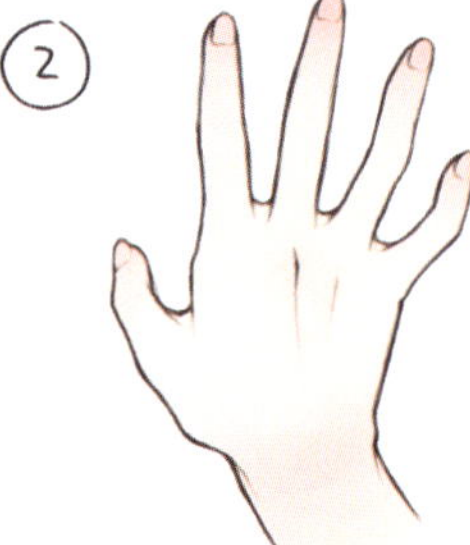

Danach kannst du mit einer dunkleren Farbe leichte verwischte Farbakzente setzen. Hier zum Beispiel ein hellrot bei den Fingerspitzen und hervorstehenden Knochen. Dieser Schritt ist optional oder kann auch mit dem dritten Schritt vom Ablauf her getauscht werden.

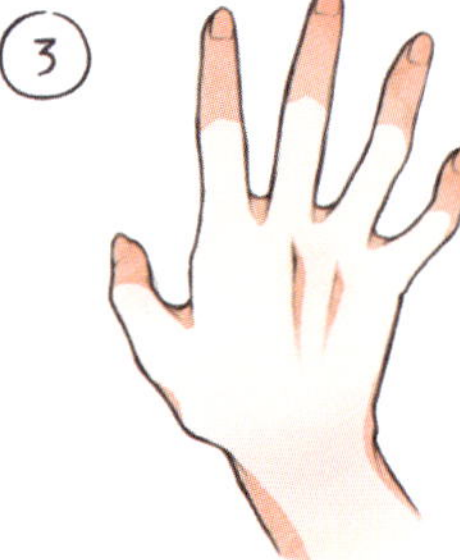

Führe dir erstmal die Dimensionen und Wölbungen der Oberfläche vor Augen, die du kolorieren möchtest. Je nachdem, von wo das Licht auf die Hand fällt, kannst du die Bereiche, die im Schatten liegen, durch eine dunklere Farbe mit harten Kanten abgrenzen.

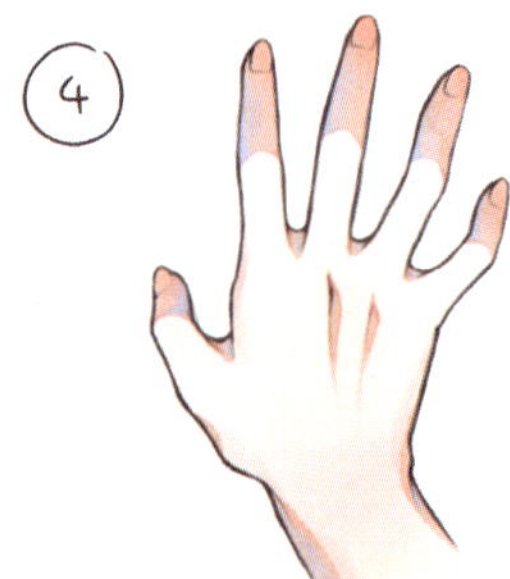

Die Kanten der harten Schatten habe ich hier mit einer noch dunkleren Farbe umrandet und verstärkt. Auf der Hautfläche kannst du hier und da noch ganz sanfte blau/grün-Töne hinzumischen. Akzente aus einem anderen Farbspektrum als der Grundfarbe verleihen dem Motiv mehr Dimension.

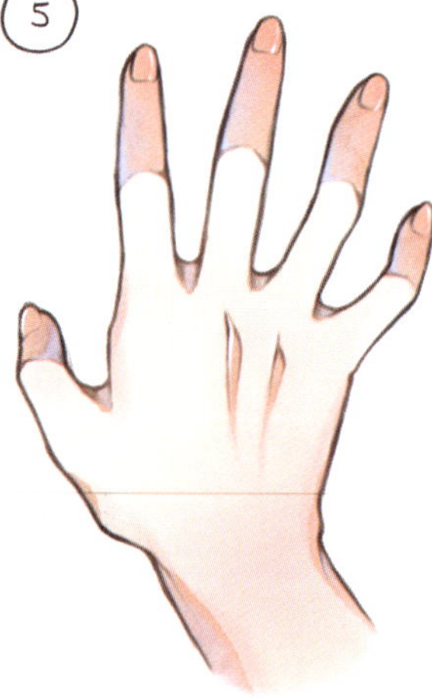

Um das Ganze abzurunden, kommen noch dezente Highlights mit weißer Farbe dazu; dort, wo es Erhöhungen gibt. Zum Beispiel auf den Nägeln, an den Rändern der Hand und auf den Knochen. So schaffst du noch mehr räumliche Definitionen auf der Fläche.

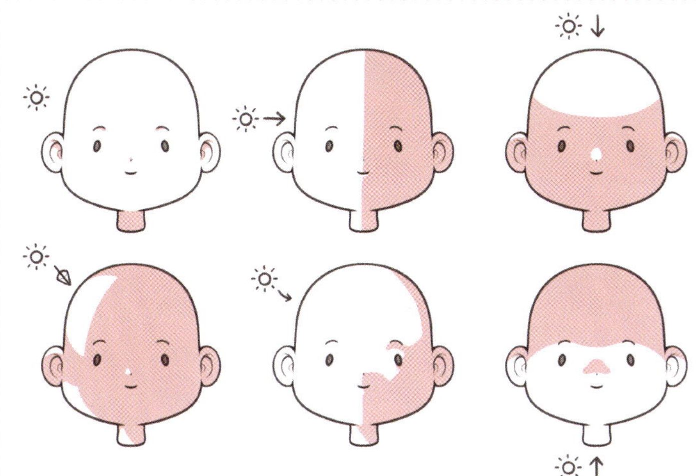

Lichteinfall

Je nachdem, wie das Licht auf eine Fläche fällt, kannst du die Bereiche, die in den Schatten fallen, dunkler kolorieren. Anhand eines Kopfs habe ich dir typische Lichtakzente und Schattenformen vorbereitet. Da die Oberfläche nicht komplett glatt oder gerade ist, richten sich die Übergänge nach den Rundungen. Diese Technik wird dir hoffentlich auch bei anderen Flächen nützlich sein!

PROBIER ES AUS!

Hier kannst du dich mit Stiften deiner Wahl austoben und Hände mit Farbschichten kolorieren. Es muss nicht so detailliert sein wie im Beispiel, aber je mehr Schichten, desto mehr Tiefe hat die Kolorierung.

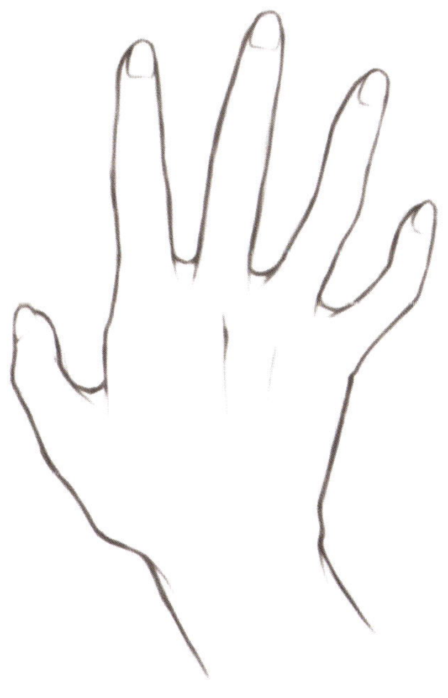

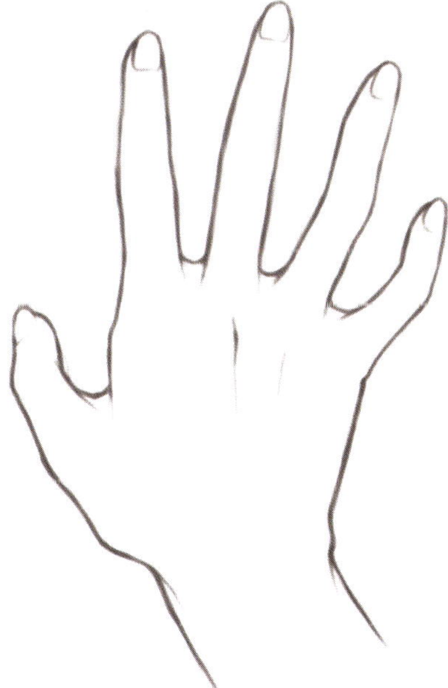

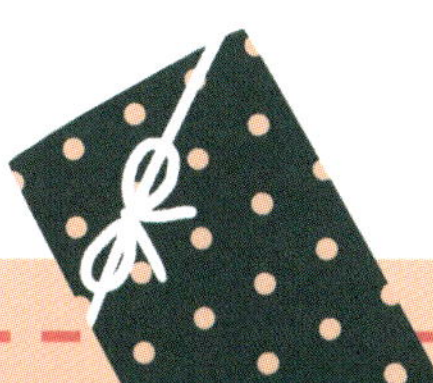

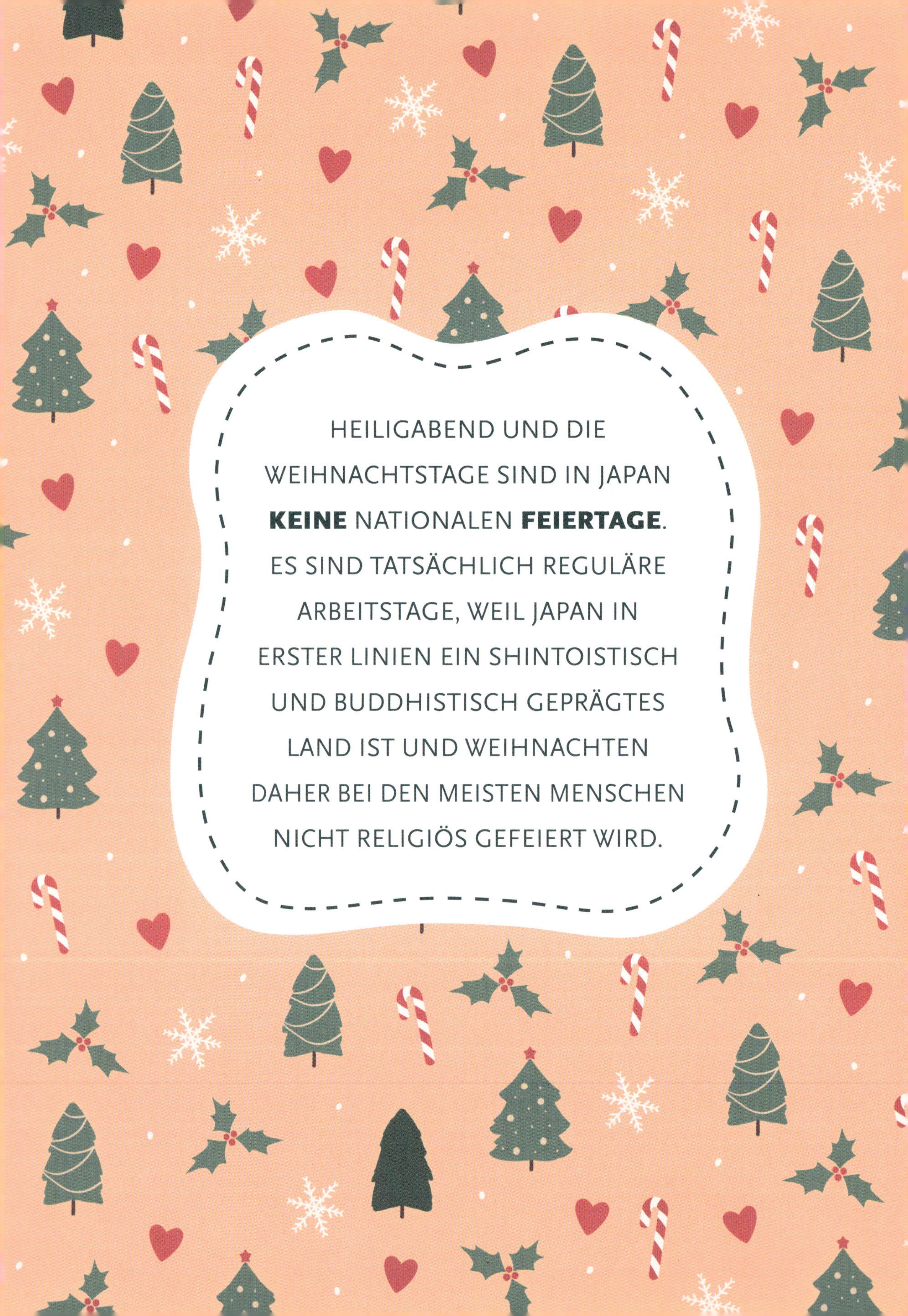

HEILIGABEND UND DIE WEIHNACHTSTAGE SIND IN JAPAN **KEINE** NATIONALEN **FEIERTAGE**. ES SIND TATSÄCHLICH REGULÄRE ARBEITSTAGE, WEIL JAPAN IN ERSTER LINIEN EIN SHINTOISTISCH UND BUDDHISTISCH GEPRÄGTES LAND IST UND WEIHNACHTEN DAHER BEI DEN MEISTEN MENSCHEN NICHT RELIGIÖS GEFEIERT WIRD.

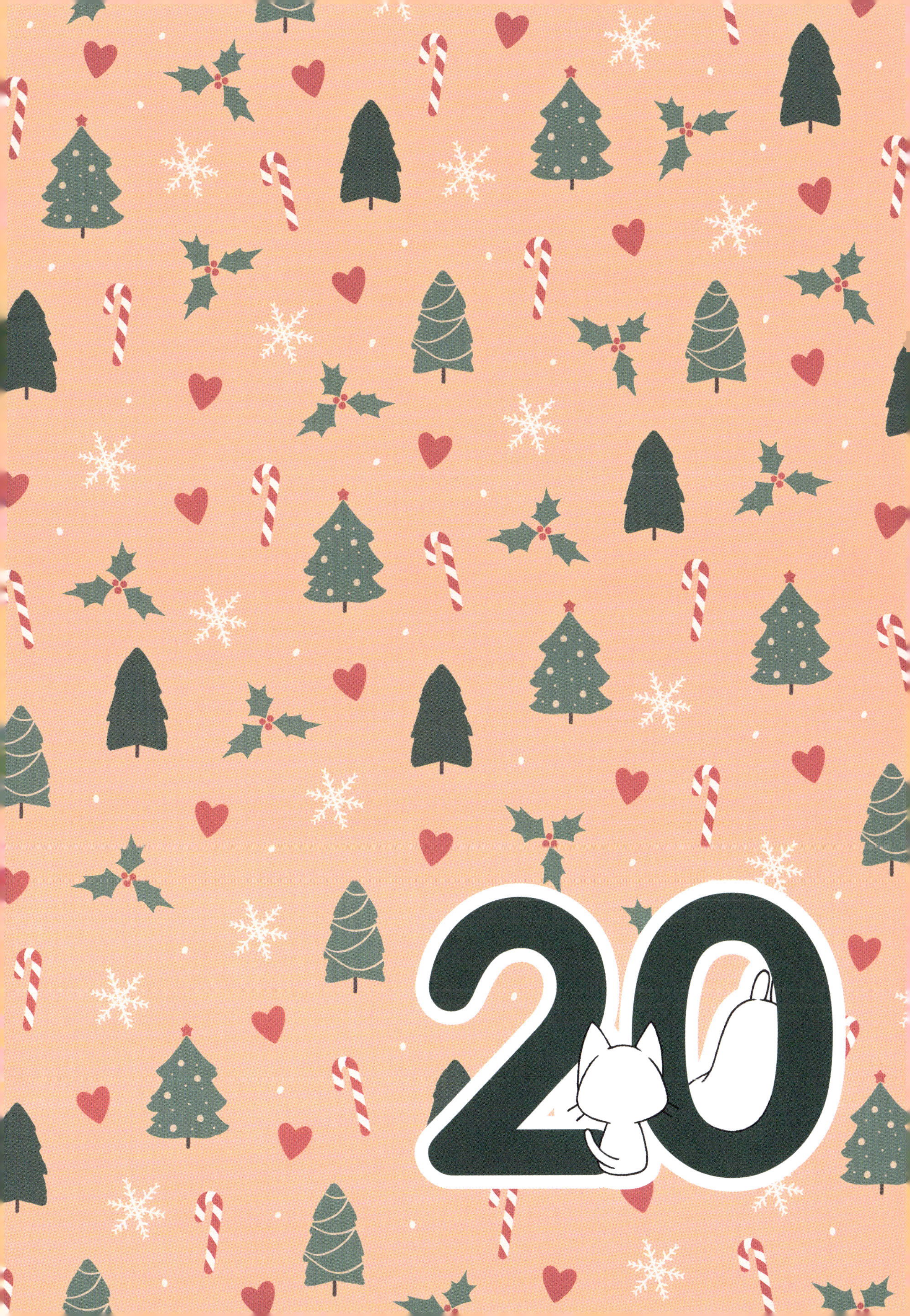
20

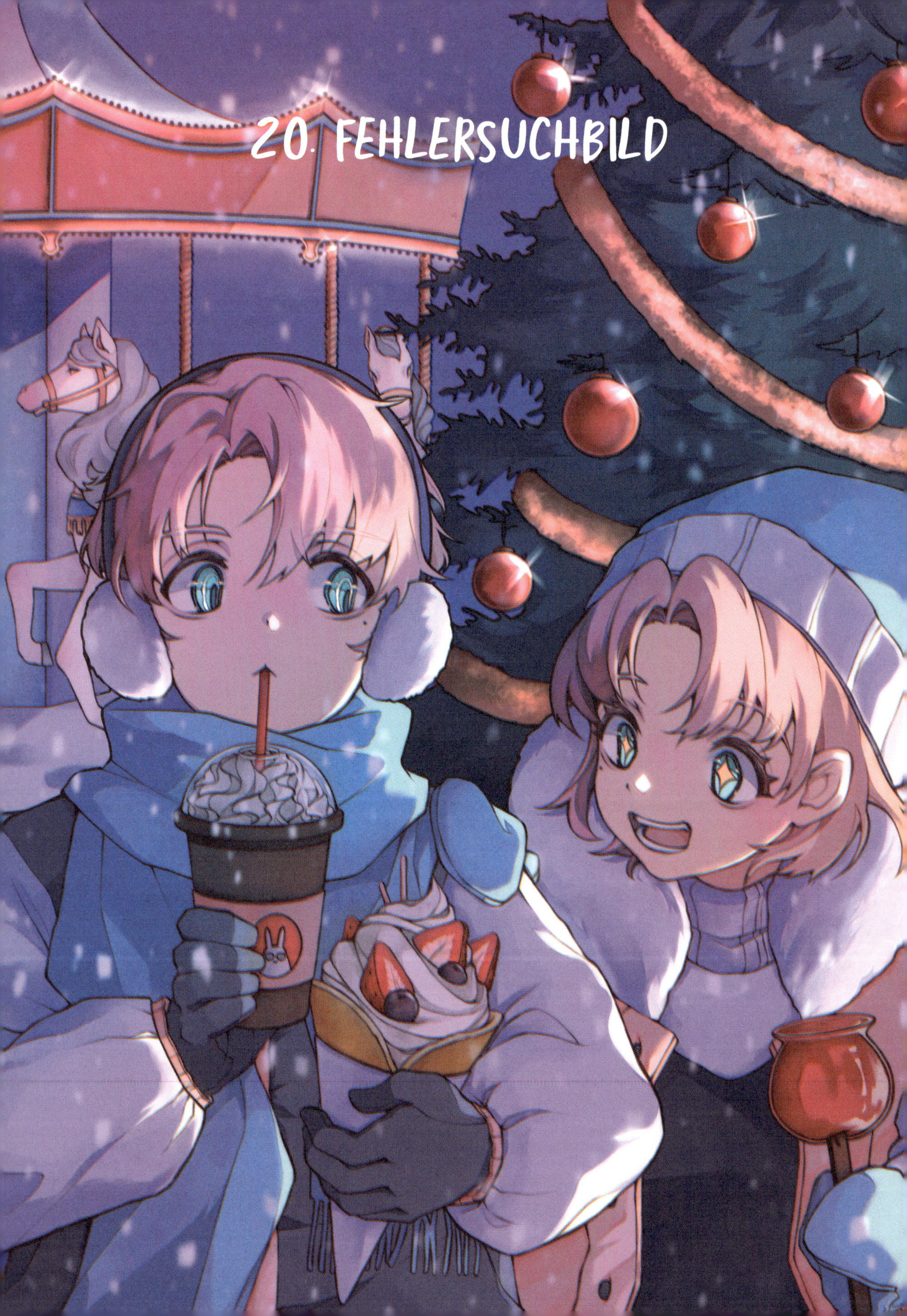
20. FEHLERSUCHBILD

DU BIST DRAN!

Auch in diesem Motiv haben sich 10 Fehler bzw. Unterschiede versteckt. Nun ist es deine Herausforderung, alle zu finden. Das kannst du zuerst angehen oder nach und nach beim Ausmalen des Bilds.

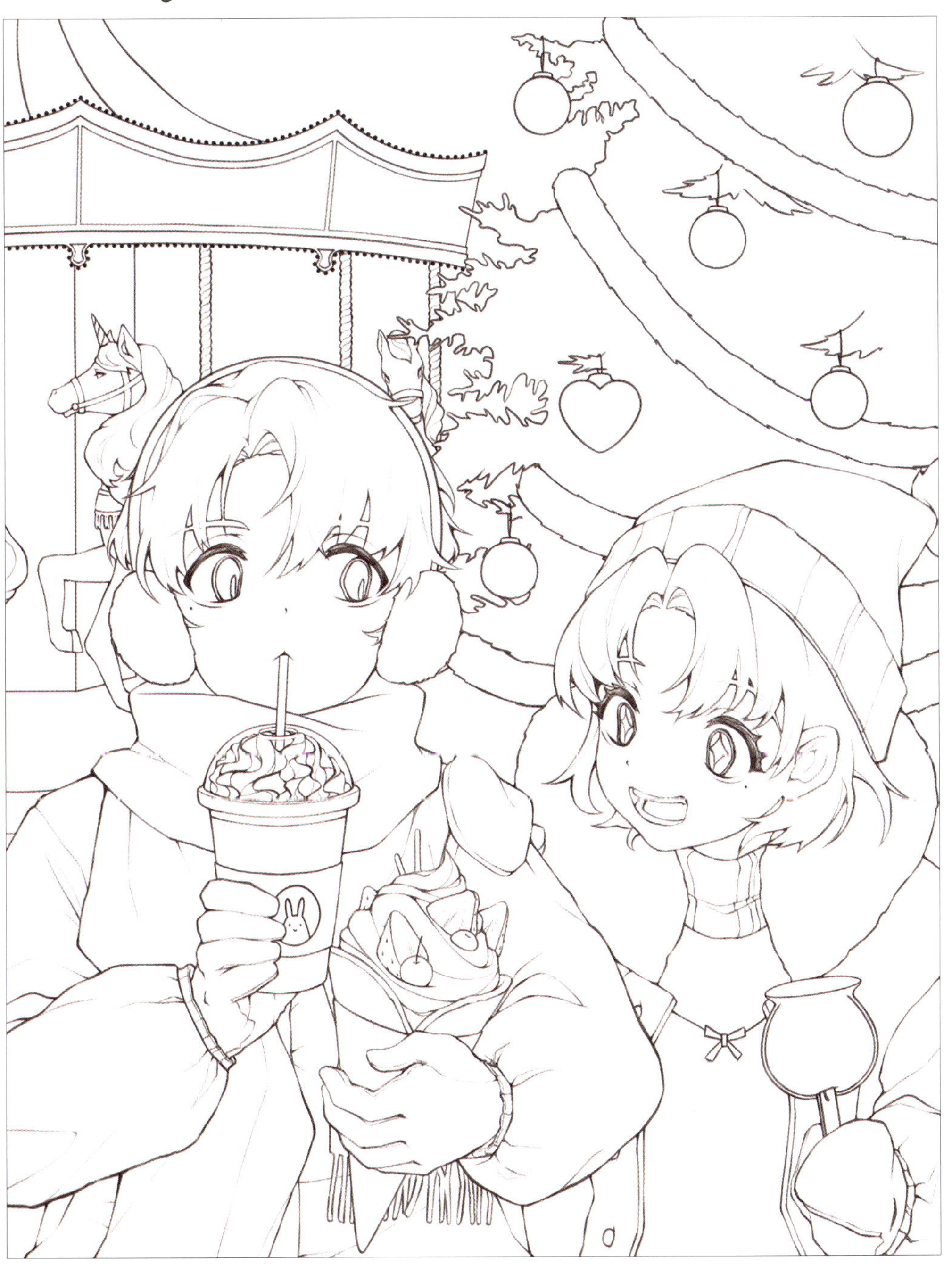

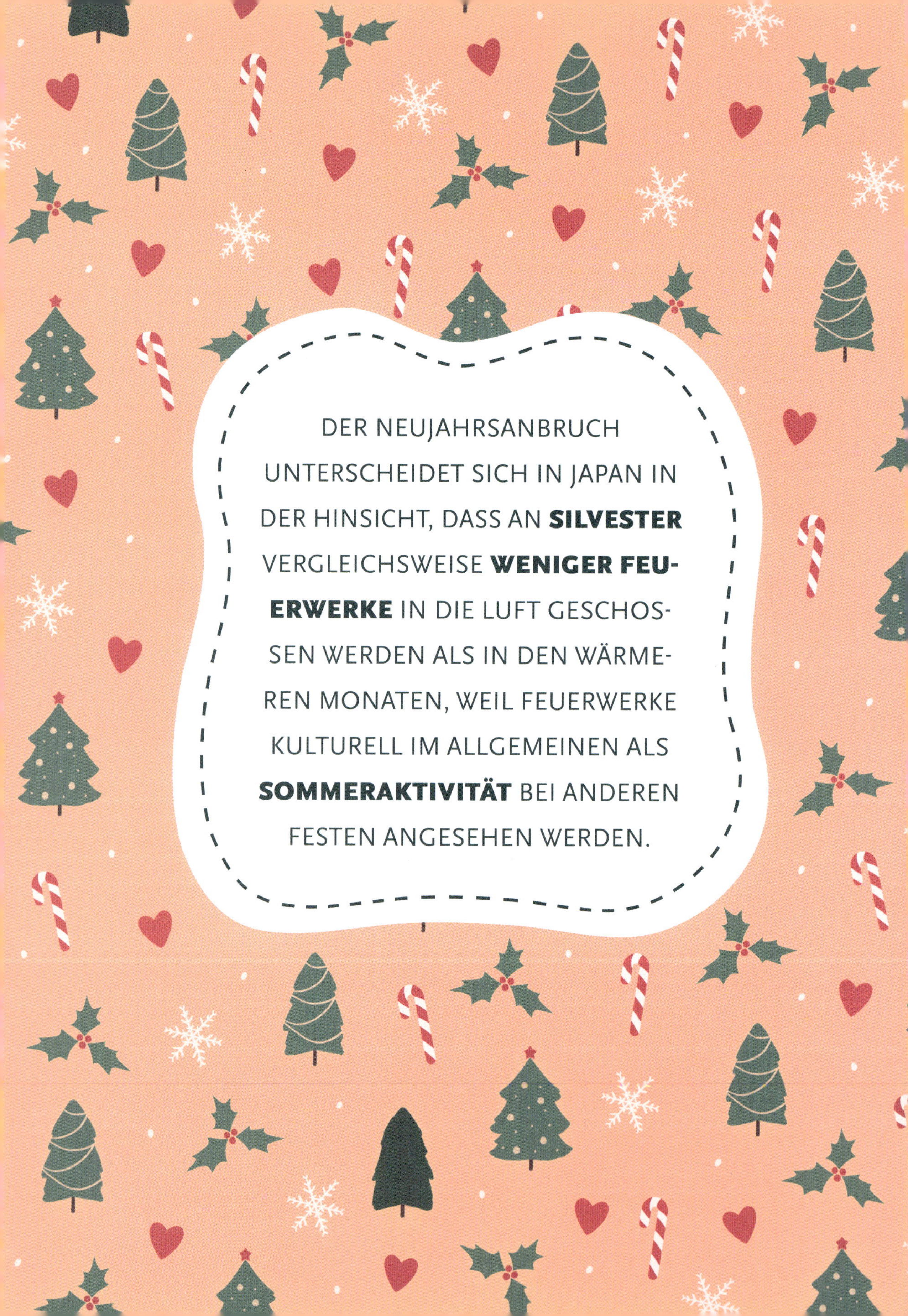

DER NEUJAHRSANBRUCH UNTERSCHEIDET SICH IN JAPAN IN DER HINSICHT, DASS AN **SILVESTER** VERGLEICHSWEISE **WENIGER FEUERWERKE** IN DIE LUFT GESCHOSSEN WERDEN ALS IN DEN WÄRMEREN MONATEN, WEIL FEUERWERKE KULTURELL IM ALLGEMEINEN ALS **SOMMERAKTIVITÄT** BEI ANDEREN FESTEN ANGESEHEN WERDEN.

21

21. FESTLICHE KLEIDUNG

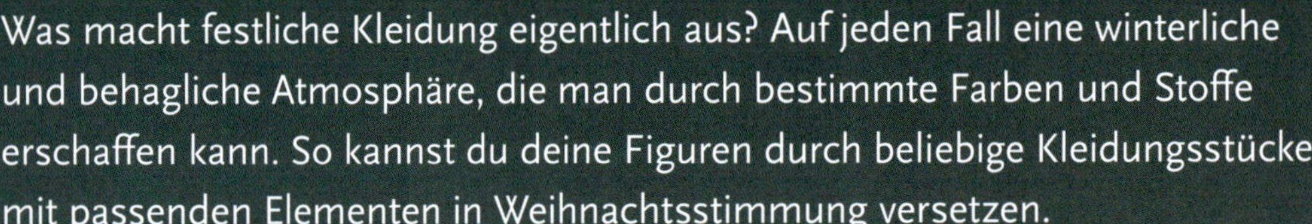

Was macht festliche Kleidung eigentlich aus? Auf jeden Fall eine winterliche und behagliche Atmosphäre, die man durch bestimmte Farben und Stoffe erschaffen kann. So kannst du deine Figuren durch beliebige Kleidungsstücke mit passenden Elementen in Weihnachtsstimmung versetzen.

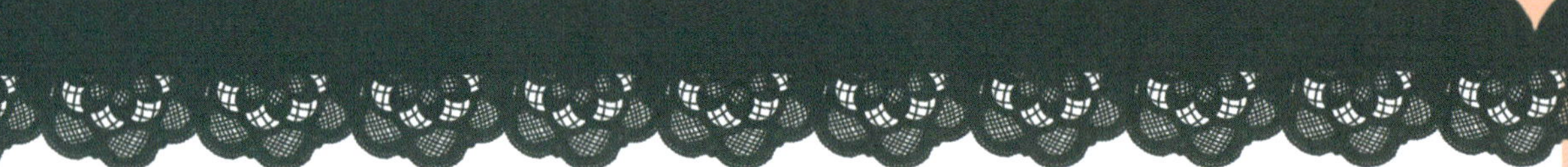

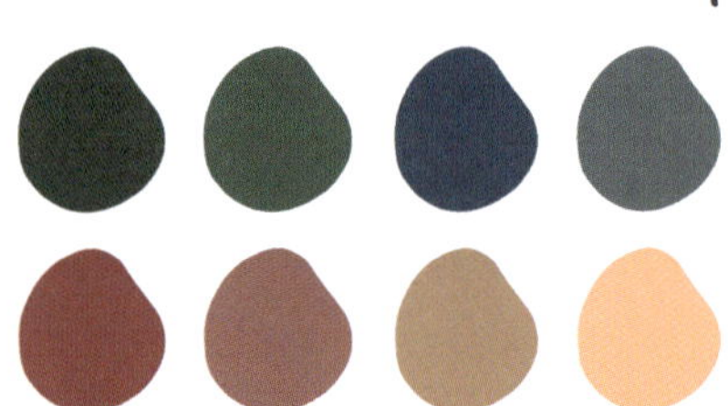

Farben Links sind ein paar Farben, die du kombinieren kannst, um eine klassisch weihnachtliche Atmosphäre zu erschaffen und Kleidungsstücke zu kolorieren. Überlege dir auch gerne eine eigene Palette, die du persönlich mit Weihnachten in Verbindung bringst.

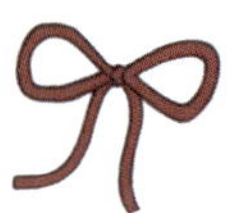

Schleifen Meistens sind Geschenke, die man sich gegenseitig zu Weihnachten schenkt, mit einer Schleife versehen. Deswegen kannst du auch bei Kleidungsstücken solche Schleifen in verschiedenen Größen einbauen. Da denkt man direkt ans Fest.

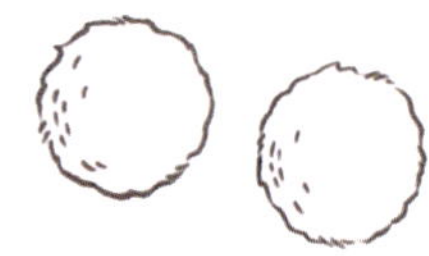

Flausch Da man sich im Winter mit Flauschstoffen oder -elementen wärmen möchte, entstehen dadurch automatisch visuelle Assoziationen zur Weihnachtszeit. Fügst du daher einen Flauschkragen oder Flauschärmel hinzu, spürt man förmlich den Winter!

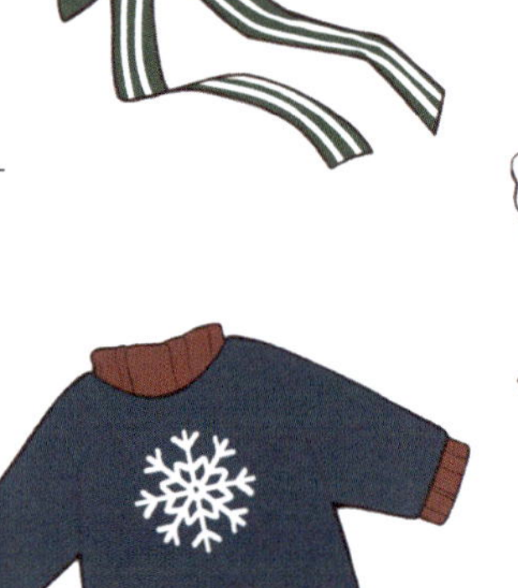

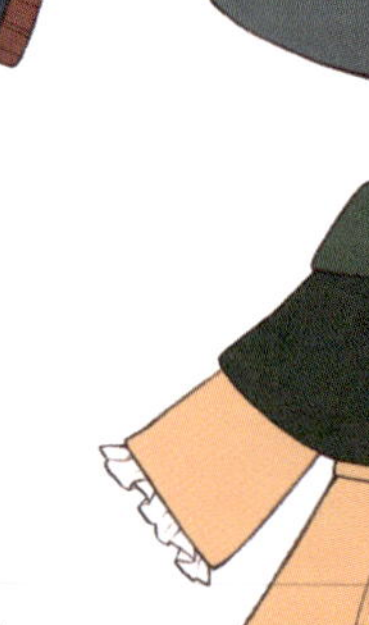

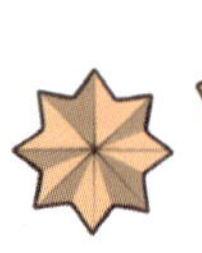

Sterne Ob als Motiv auf einem Pullover, als kleine Brosche auf der Jacke oder als Schmuckknopf – ein Stern erinnert an den besinnlichen Sternenhimmel in der Weihnachtsnacht und ist daher eine beliebte Dekoration. Auch Schneeflocken eignen sich als weihnachtliches Motiv.

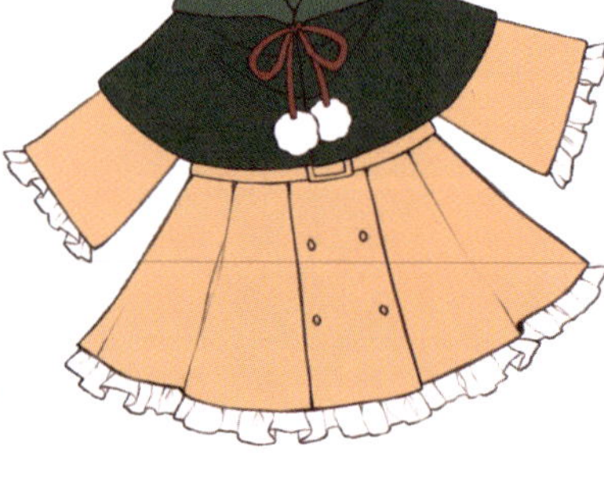

JETZT DU!

Überleg dir hier ein paar eigene weihnachtliche Designs für die folgenden Kleidungsstücke. Bei den Farben hast du freie Auswahl – alles, was du schön findest, ist erlaubt! Vergiss nicht, ein paar festliche Details einzubringen!

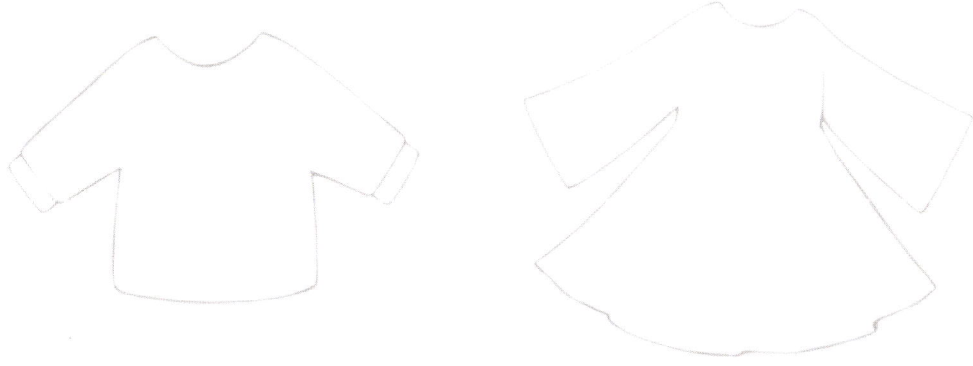

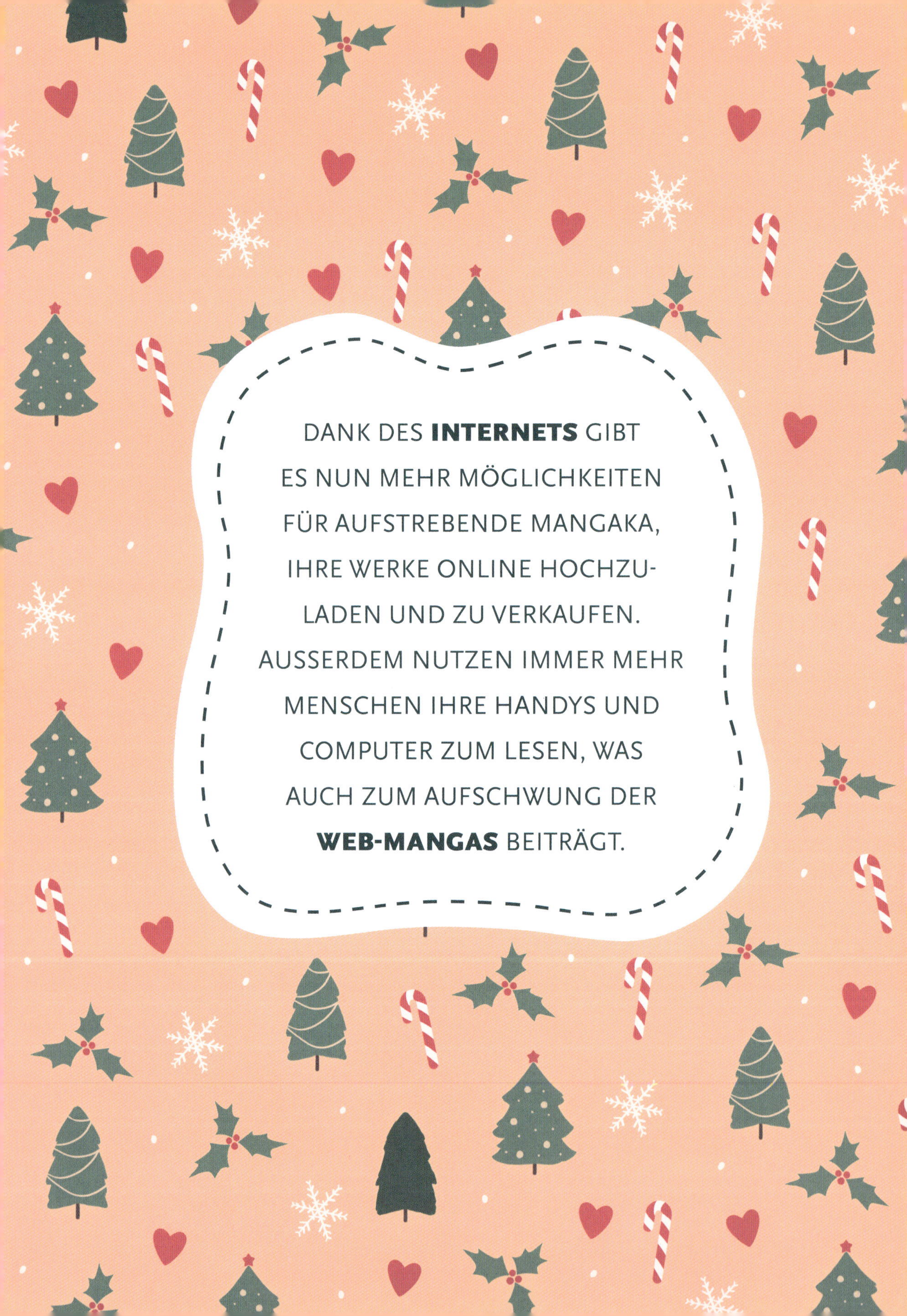

DANK DES **INTERNETS** GIBT ES NUN MEHR MÖGLICHKEITEN FÜR AUFSTREBENDE MANGAKA, IHRE WERKE ONLINE HOCHZU-LADEN UND ZU VERKAUFEN. AUSSERDEM NUTZEN IMMER MEHR MENSCHEN IHRE HANDYS UND COMPUTER ZUM LESEN, WAS AUCH ZUM AUFSCHWUNG DER **WEB-MANGAS** BEITRÄGT.

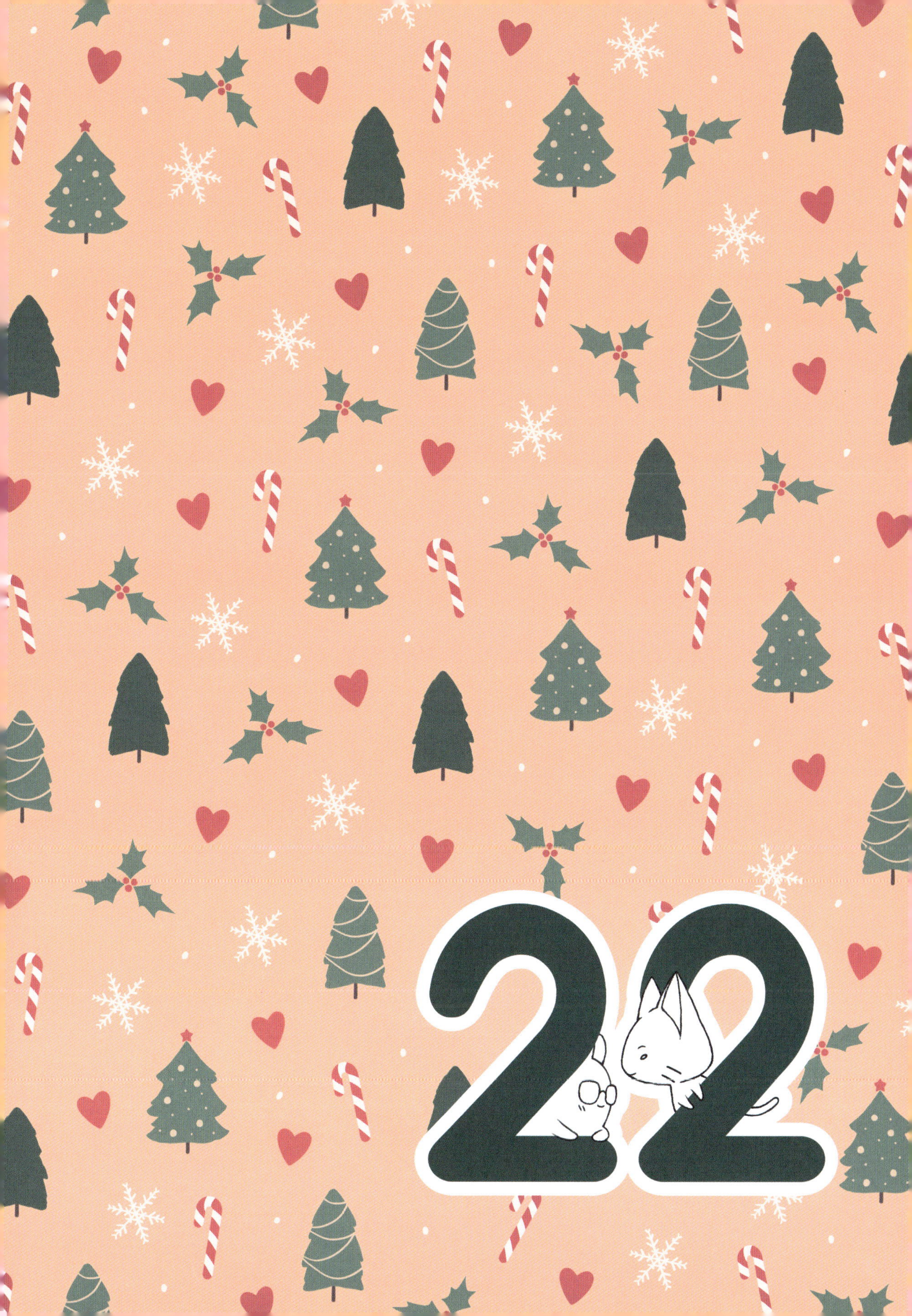
22

22. MASKOTTCHEN IM MANGA

Ich finde, dass niedliche Maskottchen im Manga irgendwie dazugehören. Lass uns also gemeinsam die Schritte durchgehen, wie man einen eigenen kleinen Sidekick kreieren kann. Mit der gleichen Grundform kann man nämlich durch ein paar charakteristische Elemente direkt unterschiedliche Wesen erschaffen.

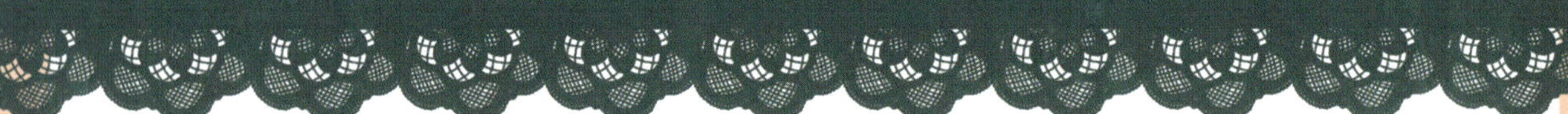

1 Als erstes legen wir jeweils eine Grundform für den Kopf und den Körper fest. Maskottchen sind oft von Tieren inspiriert, haben aber einen stark vereinfachten Stil. Das heißt, dass die Formen eher nicht realistisch, sondern abgerundet und auch verkleinert sind – dadurch wirken sie niedlicher.

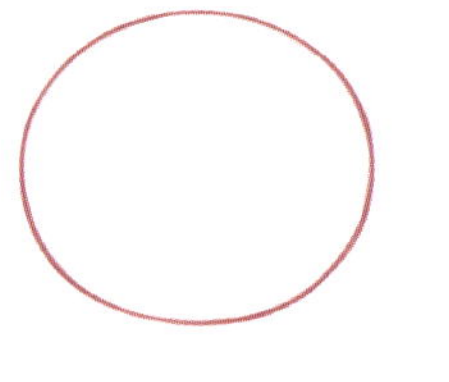

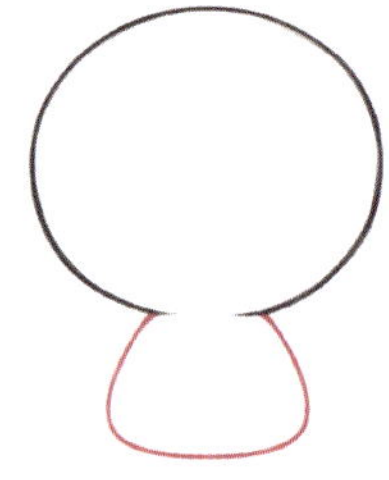

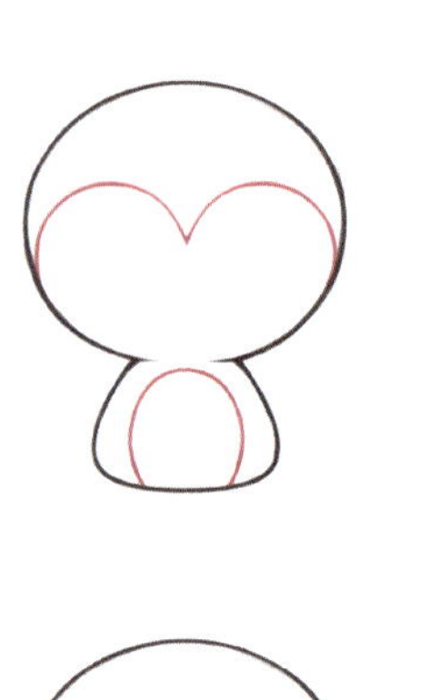

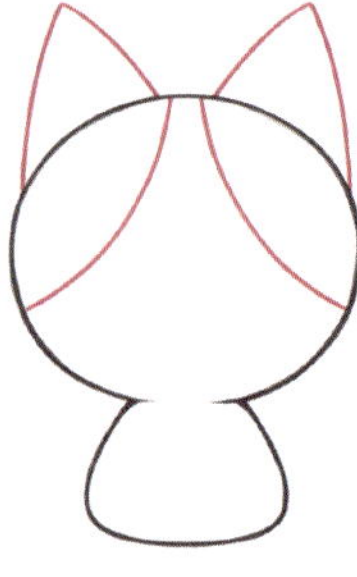

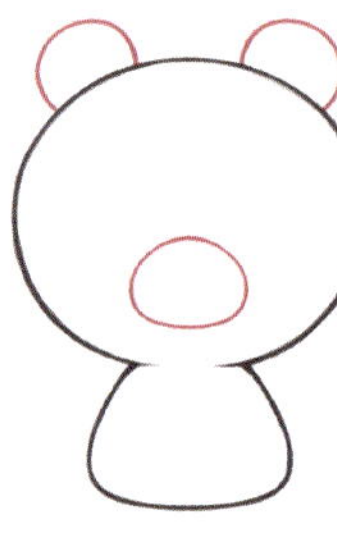

2 Danach kannst du dir aussuchen, welches Tier du dir als Vorbild für dein Maskottchen nehmen möchtest und schonmal die Öhrchen und Fellmuster einzeichnen (wenn es welche hat). Hier sind ein paar Interpretationen für die folgenden Tiere: Pinguin, Katze und Bär.

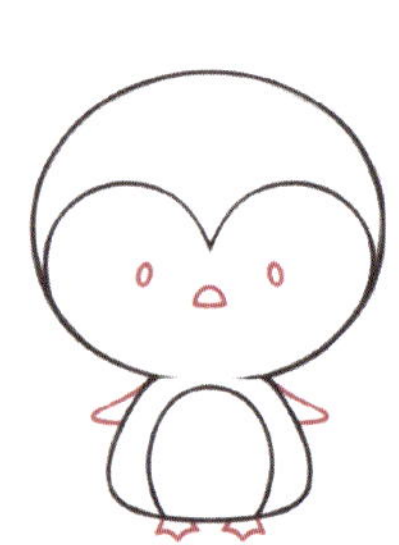

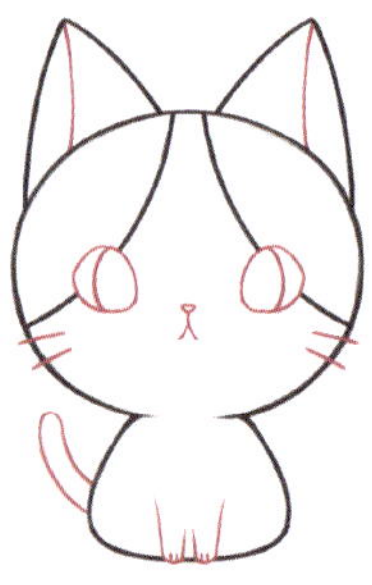

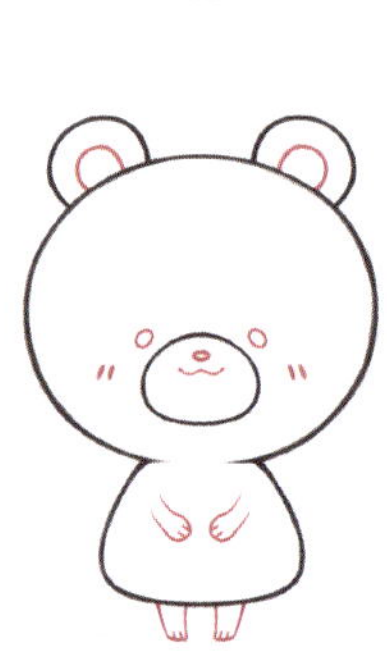

3 Als nächstes kommen die Gliedmaßen, also Arme, Beine, Schwanz usw. dazu. Überleg dir außerdem, wie das Gesicht aussehen soll. Augen, Mund und Nase befinden sich insgesamt eher in der unteren Hälfte des Gesichts. Zusätzliche Eigenschaften wie Haare/Fell oder Rötungen verleihen dem Maskottchen umso mehr Ausdruck.

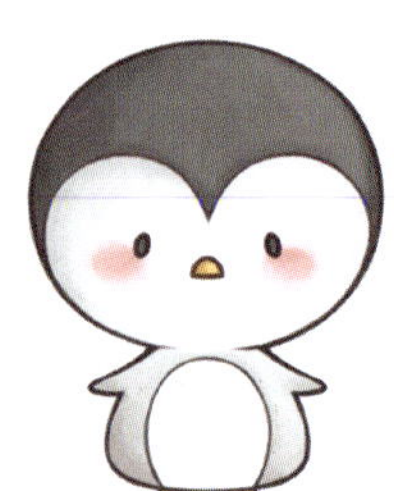

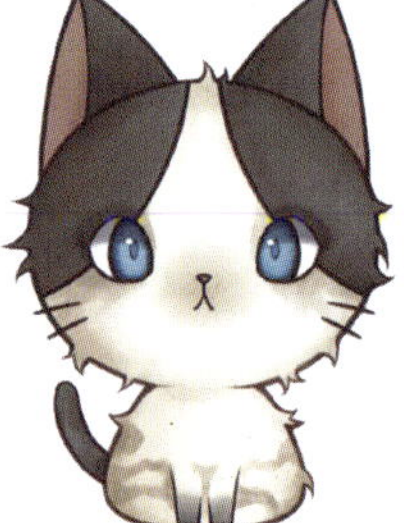

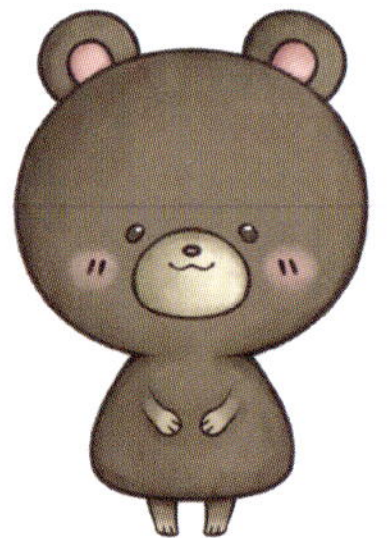

4 Zum Finalisieren fehlt dann nur noch die Kolorierung und weitere Details wie zum Beispiel eine Fellstruktur, die vom Körper absteht. Fertig sind die niedlichen Maskottchen im Manga-Stil!

Extras Um deinem Maskottchen ein gewisses Etwas zu verleihen, kannst du weitere Elemente hinzufügen, die Individualität ausdrücken. Das können zum Beispiel Flügel, Hörner, Schleifen und Glöckchen sein. Oder sonstige Accessoires, die dir noch so einfallen: Hüte, Kleidungsstücke oder sogar Schmuck.

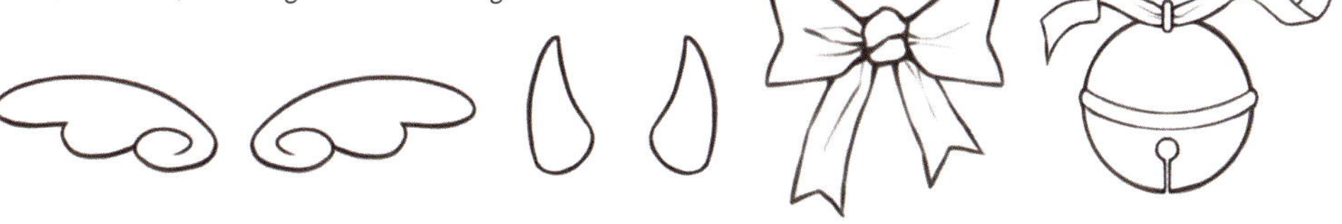

UND JETZT DU!

Ausgehend von der Grundform des Körpers und des Kopfs hast du nun die Wahl aus verschiedenen Öhrchen, Armen, Füßen, Schwänzchen und allem, was dir sonst noch so einfällt, um deine eigenen süßen Maskottchen zum Leben zu erwecken!

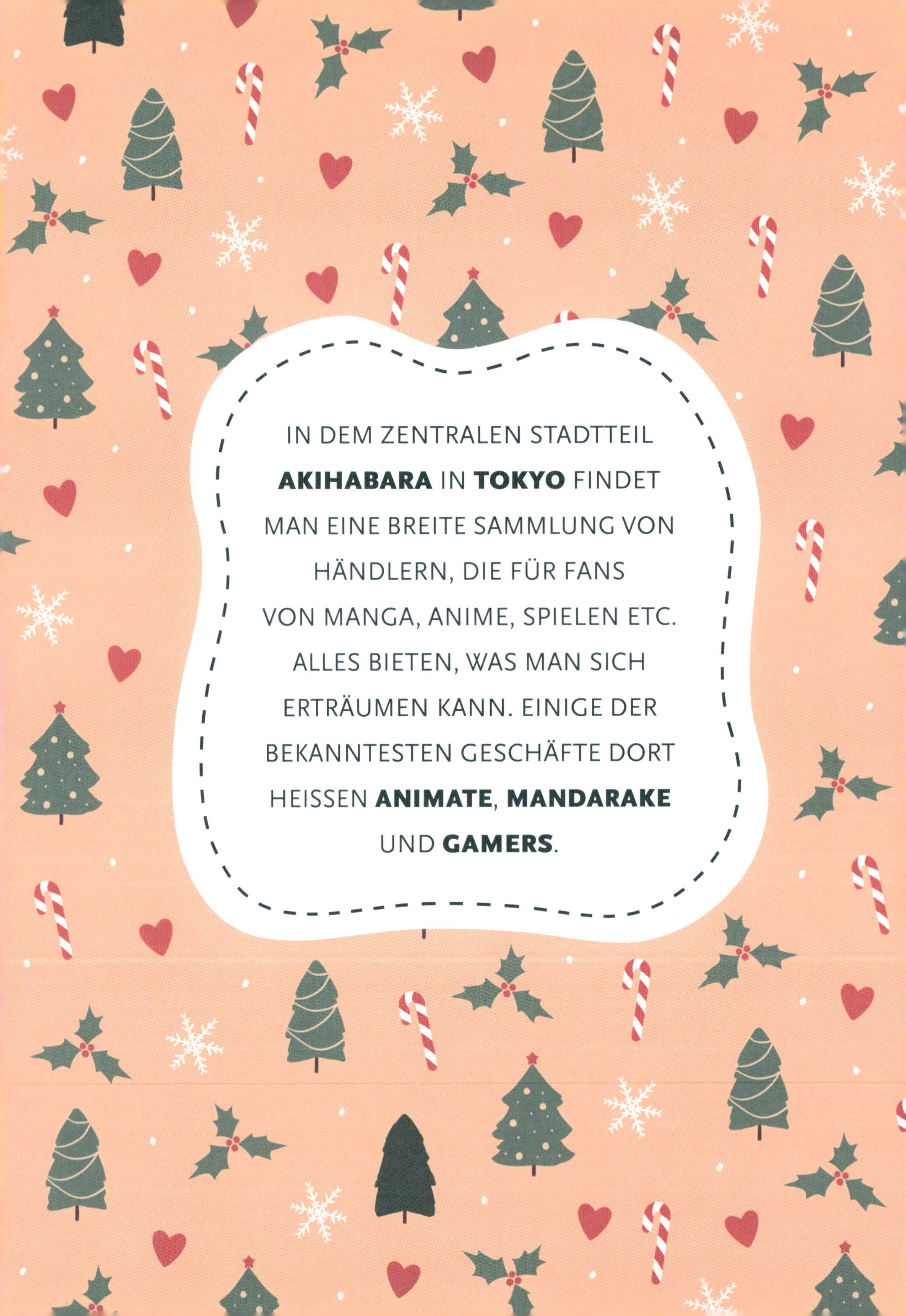

IN DEM ZENTRALEN STADTTEIL **AKIHABARA** IN **TOKYO** FINDET MAN EINE BREITE SAMMLUNG VON HÄNDLERN, DIE FÜR FANS VON MANGA, ANIME, SPIELEN ETC. ALLES BIETEN, WAS MAN SICH ERTRÄUMEN KANN. EINIGE DER BEKANNTESTEN GESCHÄFTE DORT HEISSEN **ANIMATE**, **MANDARAKE** UND **GAMERS**.

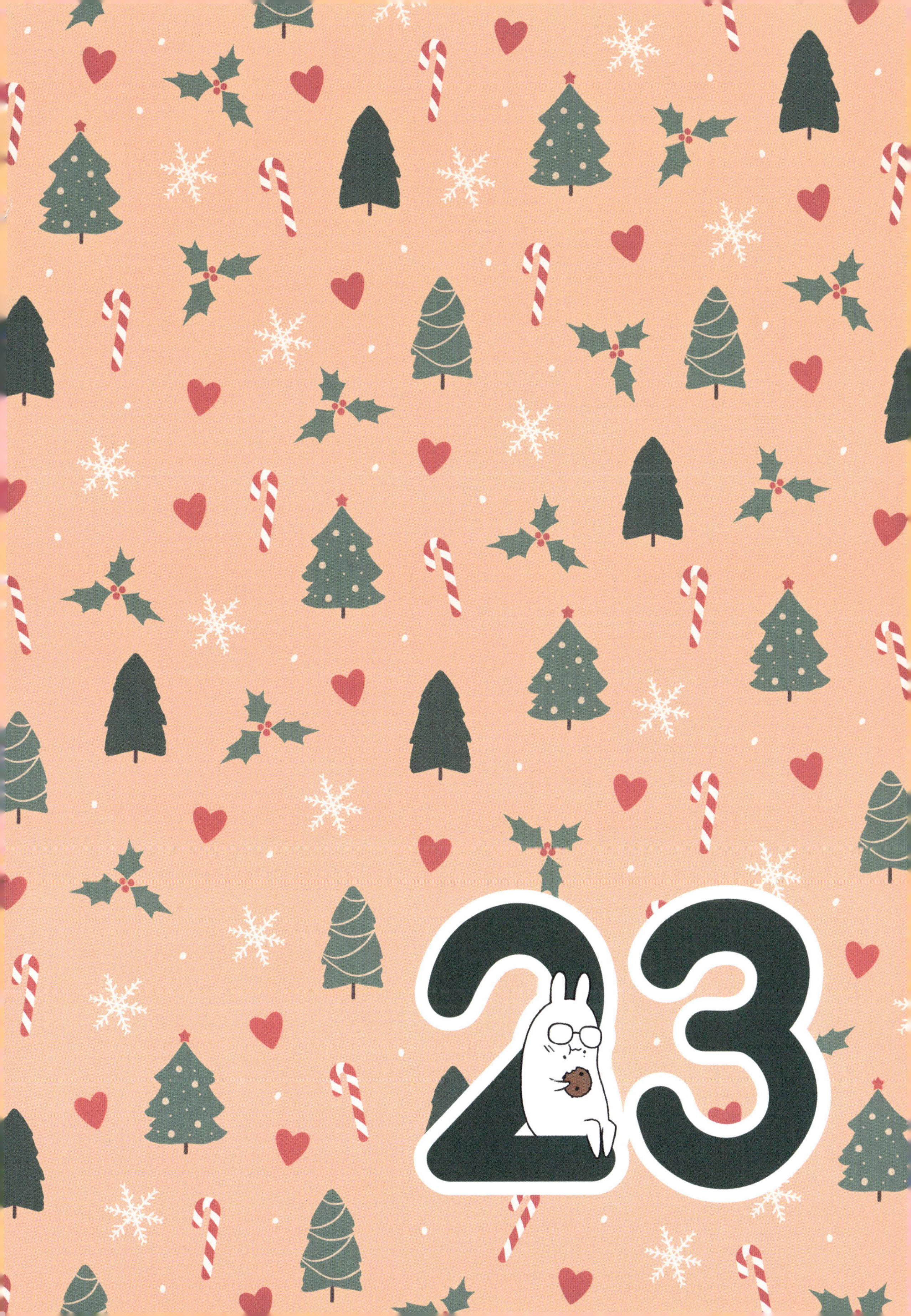
23

23. CHARAKTER GESTALTEN

Weihnachten steht fast vor der Tür und ich hoffe, dass du bisher viel Freude hattest, die Grundlagen des Manga-Zeichnens zu lernen und selbst auszuprobieren. Heute erkläre ich dir zusammenfassend die wesentlichen Schritte, die beim Gestalten eines Charakters dazu gehören und einen roten Faden bilden.

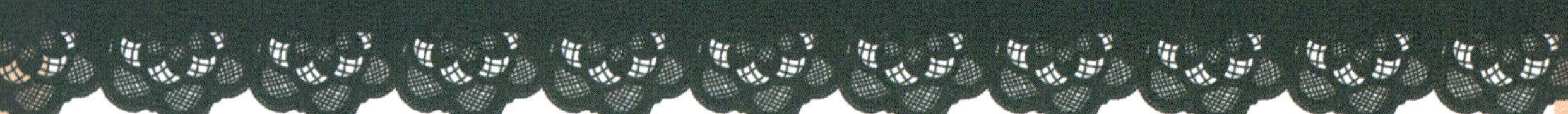

AUSSEHEN Wenn du deinen Charakter planst, überlege dir zunächst die Größe, das ungefähre Alter, das Geschlecht, die Hautfarbe, Körperbau und Frisur. Wenn du mal nicht weiter weißt, schau dir Referenzen von anderen Artists an und hol dir Inspirationen. Achte jedoch darauf, bekannte Charaktere von anderen nicht 1 zu 1 zu kopieren.

MERKMALE Zusätzliche Erscheinungsmerkmale können sein: besondere Ohren, Hörner, Schuppen, Flügel, Schwänze, Bemalungen etc. Das hängt davon ab, in welcher Welt dein Charakter lebt. Dein Charakter kann ein normaler Mensch sein oder fantastische Elemente haben. Die Accessoires dürfen auch nicht fehlen!

POSE & AUSDRUCK Die Persönlichkeit deines Charakters kannst du mit einer Pose und dem Gesichtsausdruck zum Vorschein bringen: etwa mitten im Sprung oder elegant schwebend; ein breites Lächeln oder ein sanfter Blick. Probiere einfach aus, welche Kombination deinen Vorstellungen am besten entspricht.

TIERE Maskottchen oder tierische Begleiter können, müssen aber nicht, dabei sein. Das können echte Tiere oder Fabelwesen sein, die deinen Charakter auf seinem Weg begleiten. Dabei kannst du auch die symbolische Bedeutung eines Tieres recherchieren und sie aufgrund dessen aussuchen.

OUTFIT Bei der Kleidung hast du sehr viel Auswahl und kannst dich von traditionellen oder neumodischen Stilen inspirieren lassen. Das Outfit repräsentiert das Wesen deines Charakters und ist vielseitig gestaltbar – besonders durch die Farben.

PROBIER ES AUS!

Entwirf auf dieser Seite deinen ganz eigenen Charakter im Manga-Stil. Blättere auch gerne nochmal durch die anderen Kapitel, um das Gelernte zu verinnerlichen. Lass deiner Fantasie freien Lauf und nimm dir gerne über die Weihnachtstage die Zeit, die du brauchst.

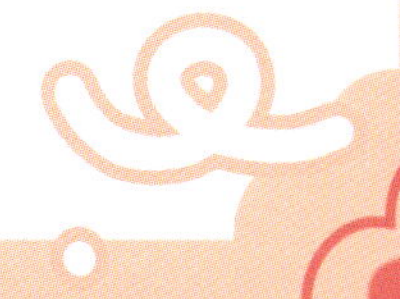

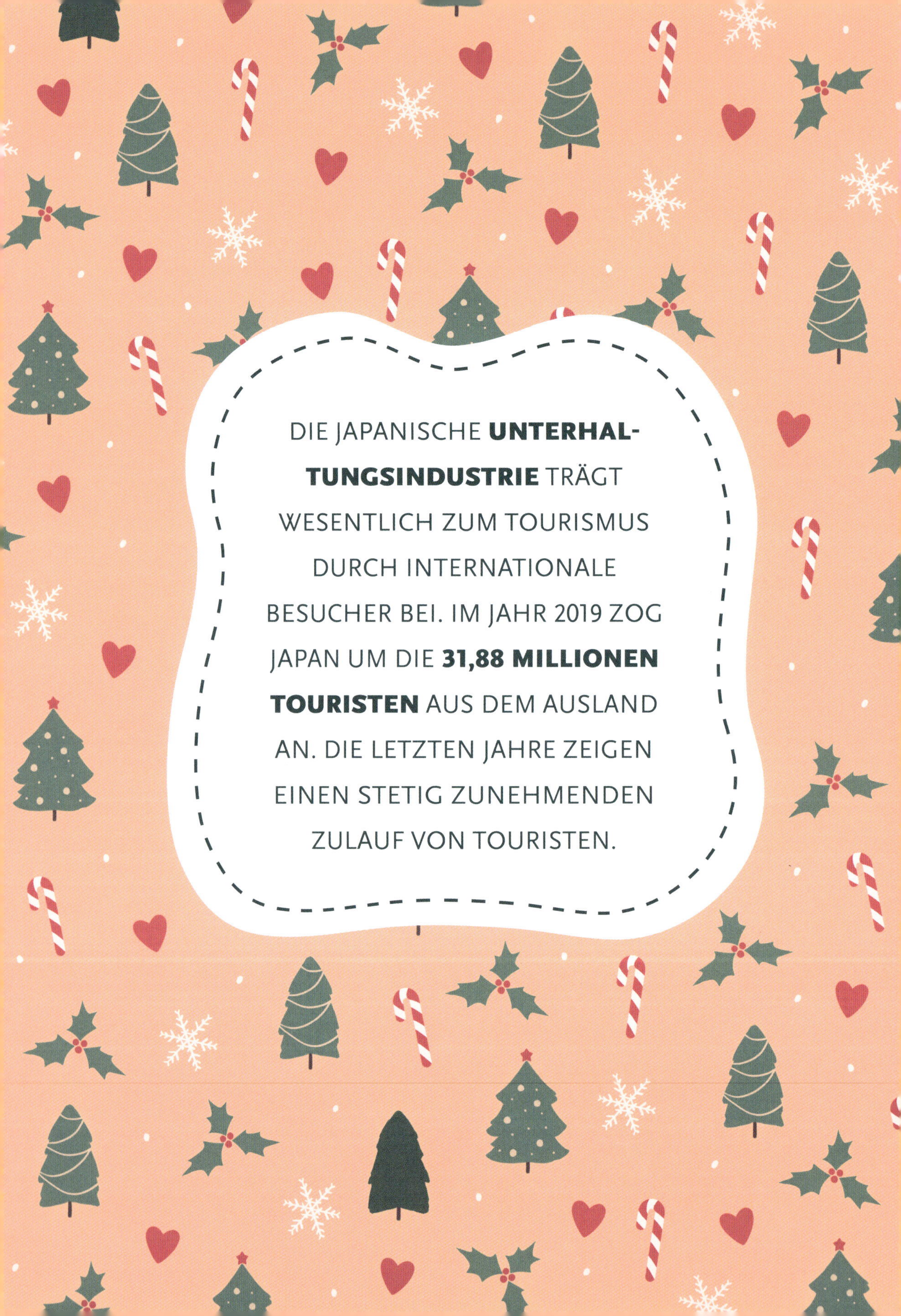

DIE JAPANISCHE **UNTERHALTUNGSINDUSTRIE** TRÄGT WESENTLICH ZUM TOURISMUS DURCH INTERNATIONALE BESUCHER BEI. IM JAHR 2019 ZOG JAPAN UM DIE **31,88 MILLIONEN TOURISTEN** AUS DEM AUSLAND AN. DIE LETZTEN JAHRE ZEIGEN EINEN STETIG ZUNEHMENDEN ZULAUF VON TOURISTEN.

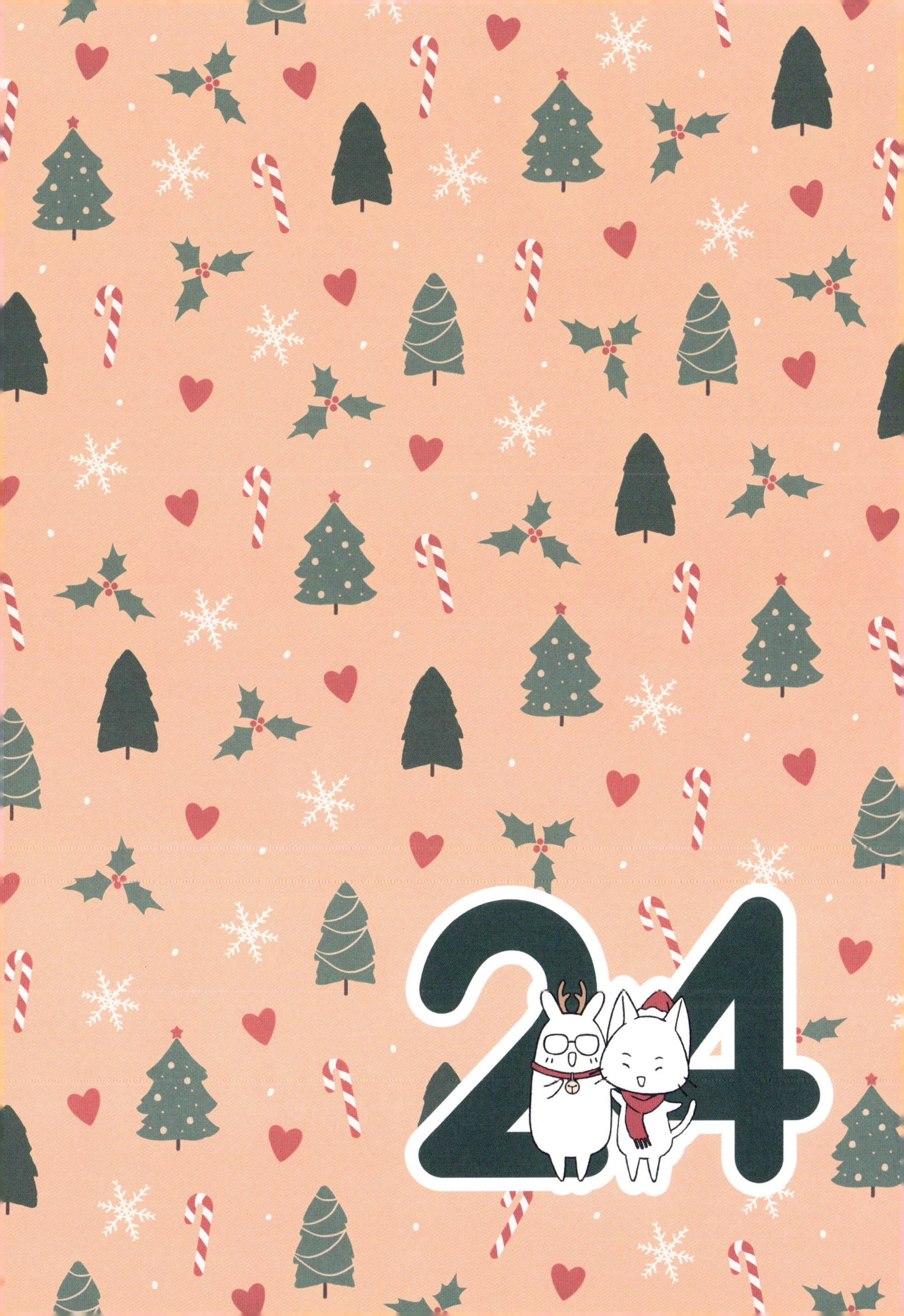
24

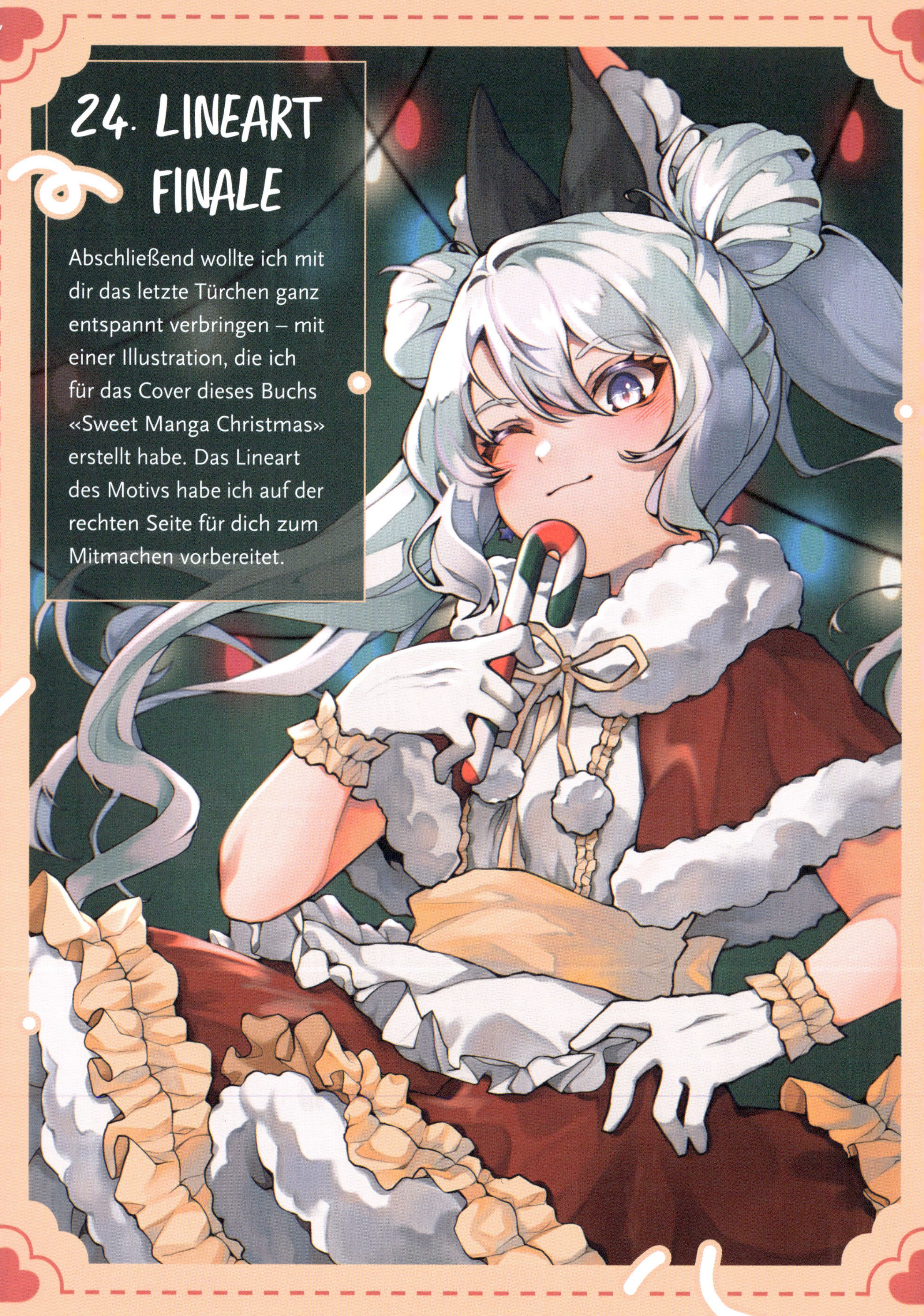

24. LINEART FINALE

Abschließend wollte ich mit dir das letzte Türchen ganz entspannt verbringen – mit einer Illustration, die ich für das Cover dieses Buchs «Sweet Manga Christmas» erstellt habe. Das Lineart des Motivs habe ich auf der rechten Seite für dich zum Mitmachen vorbereitet.

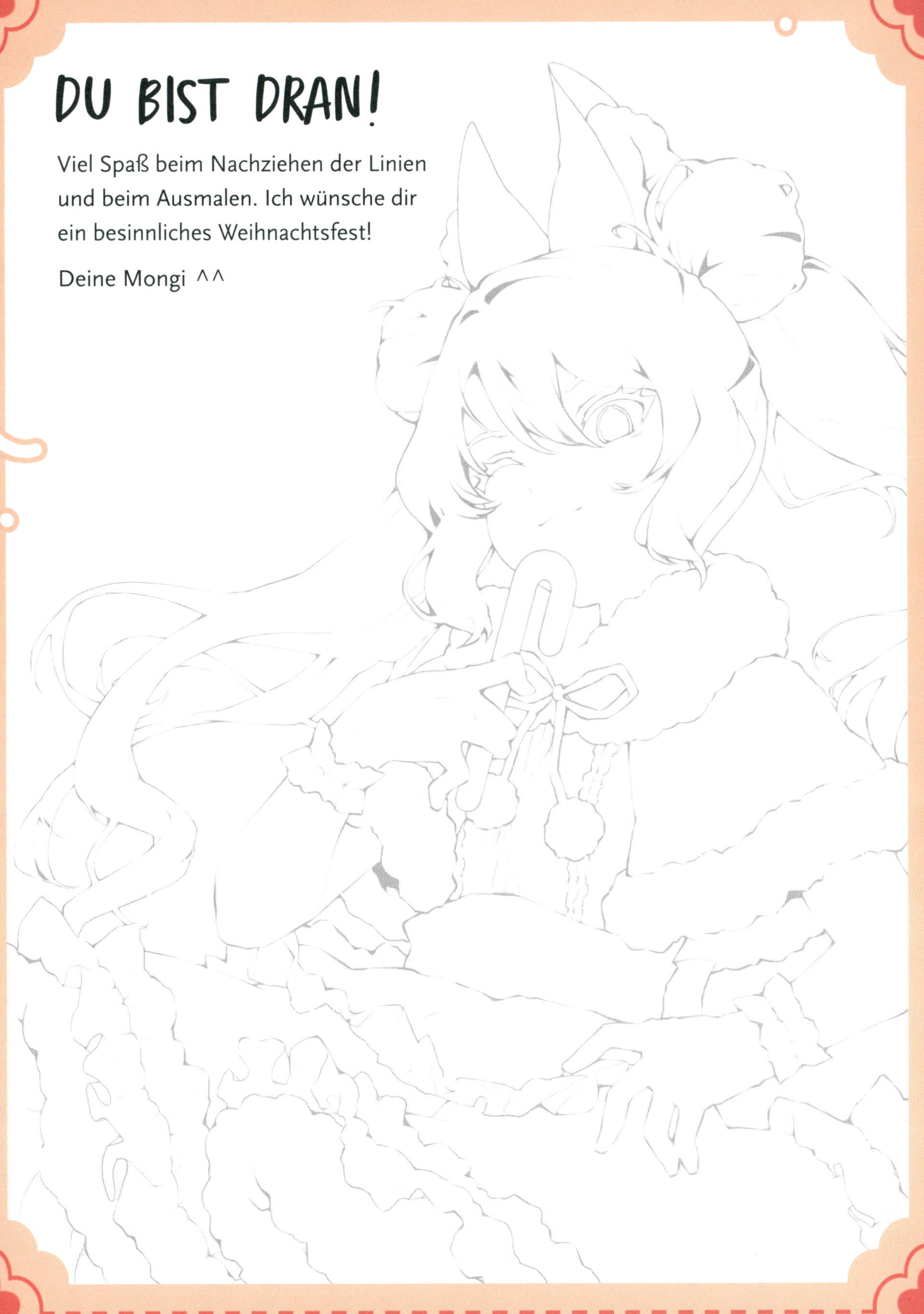

DU BIST DRAN!

Viel Spaß beim Nachziehen der Linien und beim Ausmalen. Ich wünsche dir ein besinnliches Weihnachtsfest!

Deine Mongi ^^

Auflösung Kreuzworträtsel (Seite 15)

1. WAS BEDEUTET DAS ZEICHEN 画 AUF JAPANISCH? -> BILD

2. WELCHE JAHRESZEIT VERBINDET MAN IN JAPAN AM MEISTEN MIT FEUERWERKEN? -> SOMMER

3. WELCHES SCHNELLRESTAURANT BESUCHEN DIE JAPANER AN WEIHNACHTEN AM MEISTEN? -> KFC

4. WOMIT KANN MAN RASTERFOLIEN ZURECHTSCHNEIDEN? -> CUTTERMESSER

5. WIE NENNT MAN EIN KOSTÜM-ROLLENSPIEL AUCH? -> COSPLAY

6. WIE SAGT MAN WEIHNACHTEN AUF JAPANISCH? -> KURISUMASU

7. ZU WELCHER RELIGION GEHÖRT DER JAPANISCHE SCHREIN? -> SHINTOISMUS

8. WAS BEDEUTET SHÔJO ÜBERSETZT AUF DEUTSCH? -> MÄDCHEN

9. ÜBER WAS FÜR EINE CREW HANDELT DER MANGA ONE PIECE? -> PIRATEN

10. WELCHER HÄRTEGRAD BEIM BLEISTIFT EIGNET SICH GUT ZUM VERWISCHEN? -> B

11. NENNE DIE KOMPLEMENTÄRFARBE VON GRÜN. -> ROT

12. WELCHE FRUCHT DARF AUF EINEM WEIHNACHTSKUCHEN IN JAPAN GEWÖHNLICH NICHT FEHLEN? -> ERDBEERE

13. EINE PERSON, DIE MANGAS ZEICHNET, NENNT MAN: -> MANGAKA

14. WELCHES GESICHTSMERKMAL WIRD IM MANGA-STIL MEISTENS BESONDERS VERGRÖSSERT GEZEICHNET? -> AUGEN

-> LÖSUNG: FROHES FEST

Auflösung Fehlersuchbilder (Seiten 35 und 95)

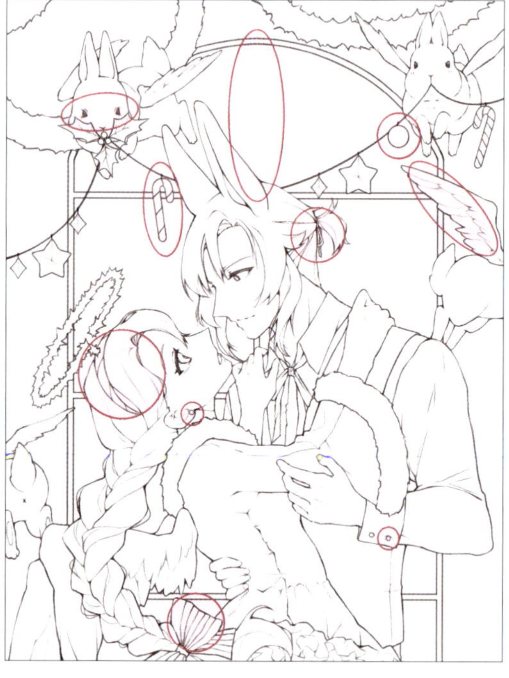

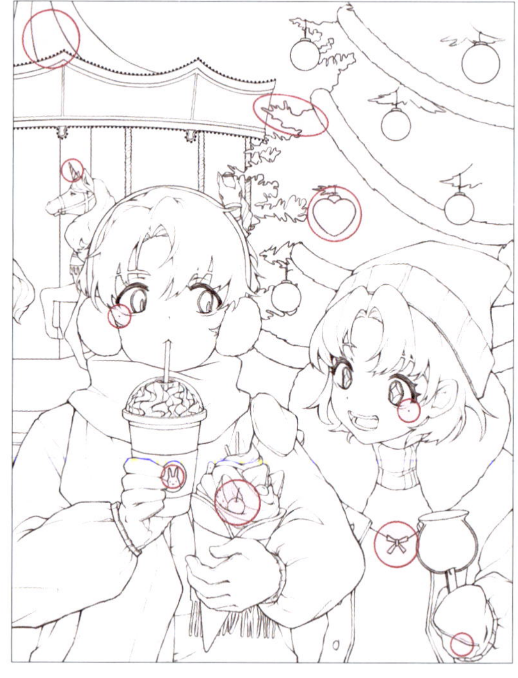